Monika Meiler

STEH AUF, MÄNNCHEN!

Monika Meiler

STEH AUF, MÄNNCHEN!

Krisenkompetenz für Manager

orell füssli Verlag

Orell Füssli Verlag, www.ofv.ch
© 2018 Orell Füssli Sicherheitsdruck AG, Zürich
Alle Rechte vorbehalten

Dieses Werk ist urheberrechtlich geschützt. Dadurch begründete Rechte, insbesondere der Übersetzung, des Nachdrucks, des Vortrags, der Entnahme von Abbildungen und Tabellen, der Funksendung, der Mikroverfilmung oder der Vervielfältigung auf andern Wegen und der Speicherung in Datenverarbeitungsanlagen, bleiben, auch bei nur auszugsweiser Verwertung, vorbehalten. Vervielfältigungen des Werkes oder von Teilen des Werkes sind auch im Einzelfall nur in den Grenzen der gesetzlichen Bestimmungen des Urheberrechtsgesetzes in der jeweils geltenden Fassung zulässig. Sie sind grundsätzlich vergütungspflichtig.

Umschlaggestaltung: Hauptmann & Kompanie Werbeagentur, Zürich
Druck und Bindung: CPI books GmbH, Leck

ISBN 978-3-280-05677-6

Die Deutsche Nationalbibliothek verzeichnet diese Publikation in der Deutschen Nationalbibliografie; detaillierte bibliografische Daten sind im Internet unter www.dnb.de abrufbar.

Ruedi, dir widme ich dieses Buch und sage DANKE für alles.
Wir können die Wellen nicht aufhalten,
aber wir können auf ihnen surfen. Ho'oponopono Maui.

INHALTSVERZEICHNIS

Vorwort von Univ.-Prof. Dr. Dr. h. c. Friedrich Glasl 8

Einleitung 11

1. Statik und Stabilität 14
    1.1 Und dann kam der Tornado 14
    1.2 Jeder Stein zählt 34
    1.3 Sicheres Baukonzept 41

2. Fundament 45
    2.1 Was das Fass zum Auslaufen brachte 46
    2.2 Stabile Bodenplatte 68

3. Kopf 81
    3.1 Modell einer ganzheitlichen Betrachtungsweise 82
    3.2 Kopflastigkeit 83
    3.3 Was wäre, wenn …? 85
    3.4 Beruf oder Berufung? 86
    3.5 Kopfkino ausschalten 89

4. Herz 91
    4.1 Harte Schale, weicher Kern 92
    4.2 Bloss keine Emotionen 97
    4.3 Herzensangelegenheiten 106

5. Hand **114**
    5.1 Hand-Menschen 115
    5.2 Tools aus der Werkzeugkiste 116

6. Der Weg vom Denken ins Tun **149**

Nachwort **150**

Danksagung **154**

Literaturverzeichnis **159**

Methodenverzeichnis **161**

Die Autorin **162**

VORWORT
VON UNIV.-PROF. DR. DR. H. C. FRIEDRICH GLASL

Krisenphänomene haben sich in den letzten Jahren auf allen Ebenen gehäuft. Ich führe nur einige an, die heute alle Menschen direkt oder indirekt berühren:
» Organisationen jeglicher Art müssen sich immer wieder rasanten technologischen Innovationen stellen.
» Märkte haben sich aufgrund politischer Ereignisse – wie z. B. Sanktionen – oft schlagartig verändert.
» Regierungen sind angesichts der gegenwärtigen Flüchtlingsströme mit radikalen politischen Bewegungen konfrontiert.
» Terrorismus und offene Kriegsdrohungen führen zu Turbulenzen mit höchst unberechenbarem Ausgang.
» ...

Dies alles hat für viele im Berufsleben wie auch in den privaten Lebensbereichen Stress und gesundheitliche Gefährdung zur Folge. So lag es nahe, dass sich auch die Forschung immer mehr der Frage zuwendet, wie Menschen mit all den vielfältigen Herausforderungen fertigwerden können. Die noch recht junge «Resilienzforschung» versucht herauszufinden, wie Menschen innere Stabilität und gleichzeitig Flexibilität entwickeln können, so dass sie sich nicht unterkriegen lassen, sondern aus den Krisen sogar gestärkt hervorgehen und einen wichtigen Schritt in der persönlichen Entwicklung schaffen.

Auf der *persönlichen* Ebene haben Menschen mehr Krisenresistenz bewiesen, wenn sie sich durch eine ideelle, religiöse oder philosophische Haltung getragen wissen, wodurch sie mit Schicksalsschlägen und Krankheit, mit gesteigerten beruflichen Anforderungen und unerwarteten Widrigkeiten besser umgehen können. Dazu kommt, dass sie grundsätzlich optimistisch und lösungsorientiert leben und handeln und auch in Schwierigkeiten einen Sinn erkennen können, die Herausforderungen annehmen und bereit sind, sie konstruktiv zu bewältigen. Besonders wichtig ist, dass sie wenigstens zu einem Menschen eine tiefe Beziehung haben – oder noch besser, wenn sie mit mehreren gut vernetzt sind und auf Rat und Beistand zählen können. Diese persönliche Stärke kann – wenn sie einem nicht schon zu einem Gutteil in die Wiege gelegt worden ist – durch Erziehung und vor allem durch Selbsterziehung gesteigert werden.

Auf der *organisationalen* Ebene hat sich gezeigt, dass Krisen am besten konstruktiv gemeistert werden können, wenn
» bei der Führung und den Mitarbeitenden Sensibilität und Achtsamkeit bestehen für die Stellen der Organisation, die am meisten verwundbar sind und eine existenzielle Gefährdung zur Folge haben könnten;
» bei Arbeitsprozessen nicht nur auf Effizienz, sondern auch auf zusätzliche Belastbarkeitsreserven geachtet wird;
» ausserdem Teams bestehen, in denen offen und dialogisch kommuniziert wird und
» insgesamt an allen Stellen in der Organisation permanente Aufmerksamkeit herrscht für schwache Signale, die auf Abweichungen von bisherigen Standards und Gewohnheiten hinweisen könnten. Denn nur wenn die ersten schwachen Signale frühzeitig wahrgenommen, weitergeleitet und neu – d. h. nicht aufgrund alter Erklärungsmuster – gedeutet und erklärt werden, können sie auch rechtzeitig zu Handlungsimpulsen für Innovationen werden.

An den bisherigen Ausführungen lässt sich klar erkennen, dass Resilienz, d. h. Krisenresistenz, sowohl auf der persönlichen wie auch auf der organisationalen Ebene eine besondere Form der Selbststeuerung ist, als unabdingbare Grundlage von Verantwortungsfähigkeit. Der Schlüssel zur Selbststeuerung ist immer die ehrliche Arbeit an Selbsterkenntnis – nicht nur anlässlich von Krisen, sondern eigentlich ein ganzes Leben lang!

Selbsterkenntnis kann auf vielerlei Arten entwickelt werden: durch eine vertrauensvolle persönliche Beziehung – beispielsweise in einer Ehe oder vergleichbaren Lebenspartnerschaft – oder durch Freunde, Kolleginnen und Kollegen. Gute Arbeit an der Selbsterkenntnis und an Selbststeuerung kann vor allem aber durch professionelles Coaching oder Counselling, durch Supervision oder eine andere Form der Beratung wesentlich unterstützt werden. Denn diese professionelle begleitende Gesprächsführung hat immer die Selbstfindung zum Ziel, niemals eine Fremdsteuerung. Sie ermächtigt zu verantwortungsvollem Handeln.

Auch ein Buch kann, ähnlich wie ein Gespräch mit einer guten Freundin oder einem Freund beim heimeligen Kaminfeuer, im Leser tiefere Schichten seiner Person berühren und zum Hinterfragen des eigenen Denkens, Fühlens, Wollens und Handelns Anstoss geben. So ist zu hoffen, dass dieses Buch – wenn schon keine andere Begleitperson zur Verfügung steht, aber sicherlich auch als wertvolle Ergänzung dazu – im weiteren Lebensgang des Lesers seine Spuren hinterlassen möge.

Salzburg, im Herbst 2017
Univ.-Prof. Dr. Dr. h. c. Friedrich Glasl

EINLEITUNG

Während der Entstehung dieses Buchs stellte ich mir immer wieder auch die Frage: «Was wäre gewesen, wenn?» Diese Frage begegnet uns Menschen immer wieder. Zuweilen beginnen wir mit dem Gedanken zu spielen, ganz neue Wege in unserem Leben zu beschreiten, und erhoffen uns dabei, auch Antworten darauf zu finden, was uns wirklich bewegt. Antworten nach einem Sinn in unserem Leben. Was wäre gewesen, wenn ich oder mein Gegenüber damals eine andere Entscheidung getroffen hätte? Was hätte ich oder mein Gegenüber dann anders gemacht? Ich persönlich habe mich oftmals gefragt: Wenn mein Leben nicht so verlaufen wäre, wie es verlaufen ist, wenn es nicht diese Höhen und diese Tiefen gegeben hätte, wäre dieses Buch dann überhaupt jemals entstanden? Keine Angst, es wird hier nicht um die Aufarbeitung irgendwelcher persönlicher Themen gehen, auch wenn diese immer wieder in dieses Buch miteingeflossen sind, denn sie haben nun einmal mein Bewusstsein für vieles geschärft. Etwa auch dafür, dass in unserem Leben gar nicht so sehr die Frage «Was wäre gewesen, wenn …?» im Fokus unserer Betrachtungen stehen sollte, sondern vielmehr die Aussage: «Dank dieser oder jener Situation ist es dazu gekommen, dass …». Es ist nicht nur spannend zu entdecken, wie dieser Brillenwechsel unseren Blick auf vieles verändert, was ist, sondern auch, wie entspannend das sein kann.

Es gibt für mich kein Richtig oder Falsch – es ist, wie es ist. Am Ende können wir nicht vorhersehen, was herauskommt, wenn wir einen bestimmten Weg einschlagen. Vor diesem Hintergrund wiegt eine Entscheidung mitunter tonnenschwer. Und selbst wenn man sich dann entschieden hat, ist man nicht gegen Kritiker und Zweifler gefeit. Woher aber nehme ich dann die Kraft, für meine Entscheidung auch einzustehen?

Ein Buch wird gedruckt. Was darin steht, wird irgendwann im Schreibprozess entschieden, doch schon während des Schreibens überlegte ich mir, was ich wohl auf die verschiedenen Einwände und Bedenken gegenüber gewissen Formulierungen entgegnen werde. Auf einmal werden dann Stunden damit verbracht, ein bestimmtes Wort, eine bestimmte Metapher oder ein bestimmtes Zitat zu suchen, das einem einfach nicht einfallen möchte. Man erkennt, wie begrenzt doch unsere Sprache ist. Wenn wir kommunizieren, denken wir selten über die Bedeutung oder Wirkung von Worten nach. Wie schnell sagen wir: «Ich verstehe», obwohl wir es nicht wirklich verstanden haben. Und weil wir etwas verstehen, heisst das ja noch lange nicht, dass wir einverstanden damit sind, dass wir es anwenden werden, und wenn wir es anwenden, dass wir es dann auch richtig anwenden. Denn selbst Dinge, die wir wirklich ändern wollen, ändern wir nicht – unsere Komfortzone ist einfach zu gross.

Vor vier Jahren hat mich mein damaliger Chef Dominic Zuffellato gefragt: «Moni, wo siehst du dich in fünf Jahren? Weisst du, ich kann dich nicht mehr weiterentwickeln.» Ich hatte schon länger mit dem Gedanken der Selbstständigkeit gespielt. Deshalb dachte ich bei dieser Gelegenheit gleich: jetzt oder nie. Ich bin immer gerne arbeiten gegangen, aber ich spürte, dass ich mich auf eingefahrenen Gleisen bewegte und endlich einmal eine Weiche stellen musste. Aber gleichwohl: Es war in diesem Moment, als stünde ich auf einer Brücke, das Seil um meine Füsse gebunden, wie beim Bungee-Jumping, und hörte mich sagen: Wenn du jetzt nicht springst, springst du nie mehr. Aus diesem Grund wollte ich es einfach ausprobieren – auch im Alter von über 50 Jahren.

Ich selber wäre nie auf den Gedanken gekommen, ein Buch über meine Arbeit als Coach und Supervisorin zu schreiben. Erst ein Sparringspartner brachte mich auf die Idee. Es war eigentlich eine hypothetische Frage, doch ab dem Moment, als Ben Schulz von «werdewelt» mir diese Frage gestellt hatte, wurde ich plötzlich auch immer wieder von den verschiedensten Seiten gefragt, ob ich schon ein Buch veröffentlicht hätte. Und dann wurde es auch mir auf einmal zu einer Herzensangelegenheit.

Jetzt, da das Buch fertiggestellt ist, kann ich nur sagen, es war richtig. Alles hat mit einem Notizbuch und vielen leeren Seiten begonnen. Es reihten sich Gedanken an Gedanken, die manchmal aber noch nicht zu Ende gedacht oder auch noch nicht in die richtige Reihenfolge gebracht waren. Erst Natalie Harapat, die freischaffende Autorin, hat auf einzigartige Weise das Nötige dafür getan, und sie hat mich auch dabei unterstützt, dass kein wertvoller Gedanke verlorenging. Sie begeisterte mich immer wieder aufs Neue darin, wie sie meinen Worten Kraft einhauchte. Ich bin all jenen dankbar, die ihren Beitrag dazu geleistet haben, dass dieses Buch erscheinen konnte.

Vielleicht gibt es ja jemanden, der in diesem Buch einen Satz findet, der sein Herz bewegt. Ja, wenn das passiert, bin ich schon der glücklichste Mensch auf Erden, denn für diesen einen Menschen hat es einen Unterschied gemacht, ob es das Buch gibt oder nicht. So wie für den einen von tausenden an den Strand gespülten Seestern, der von jemandem wieder ins Wasser zurückgetragen wird. Für ihn macht es einen Unterschied.

KAPITEL 1
STATIK UND STABILITÄT

1.1 Und dann kam der Tornado

Nur nicht aufgeben

Letztens stolperte ich über eine bemerkenswerte Erfolgsstory. Alles begann in Yale, wo ein Mädchen geboren wurde, das sehr früh seine Leidenschaft für Sprachen und Literatur entdeckte und für sich selbst entschied, einmal Schriftstellerin zu werden. Nach der Schule studierte sie Französisch und Klassische Altertumswissenschaften und nahm danach unterschiedliche Bürojobs an. Nebenbei aber schrieb und schrieb sie, doch nichts von dem, was sie damals zu Papier brachte, wurde veröffentlicht. Die Wende kam, als sie nach Portugal ging. Hier arbeitete sie in einer Schule als Lehrerin. In dieser Zeit begann sie mit einem Buchprojekt. Sie schrieb und schrieb und schrieb auch dann weiter, als sie ihren ersten Mann kennenlernte, auch als sie geheiratet hatten und selbst dann noch, als ihr gemeinsames Kind zur Welt kam. Es hätte alles so schön sein können, doch die Ehe war keine glückliche. Streit und häusliche Gewalt zwangen die Frau dazu, ihren Mann zu verlassen. Als alleinerziehende Mutter kehrte sie nach Grossbritannien zurück und lebte ab da in der schottischen Hauptstadt Edinburgh. Dort erlebte sie den Tiefpunkt ihres Lebens. Geflohen vor ihrem Mann, landete sie in einem Leben mit massiven Geldsorgen und so gut wie gar keiner Perspektive. Ihre Tochter war zu diesem Zeitpunkt noch zu klein, um sie in eine Kindertagesstätte zu geben. Also bezog sie Sozialhilfe. Diese war allerdings so gering, dass sie die Wohnung nicht einmal richtig heizen konnte. Aber sie schrieb weiter. Anstatt in der Wohnung zu frieren, nahm sie ihr Töchterchen mit ins Café, wo sie weiter an ihrem Buchprojekt arbeitete. Als dieses Buch dann endlich fertigwurde, wollte kein Verlag es haben. Sieben Jahre später veröffentlichte sie ihren ersten Roman über einen Zauberlehrling – und genau dieser, nämlich Harry Potter, machte sie zu einer international bekannten Bestsellerautorin. Ihr Name: Joanne K. Rowling.

Nur nicht liegen bleiben

Was der berühmten Bestsellerautorin J. K. Rowling passiert ist, kennen auch wir aus unserem täglichen Businessalltag. Unser Leben verläuft nicht immer gerade und auch nicht immer so, wie wir es uns vorstellen. Manchmal zwingt das Leben uns in die Knie. Dann braucht es Kraft und Mut, um nicht liegen zu bleiben. Doch wie gelingt es, mit Niederlagen umzugehen? Wie gelingt es, krisenkompetent zu handeln? Oft erlebe ich in meinen Coachings und Leadership-Seminaren, dass Manager bei Niederlagen gleich alles hinterfragen – auch ihre Person. In diesen Momenten verlieren sie häufig ihre Orientierung und fragen sich, wo ihr Fixstern, ihre Vision geblieben ist. Mit Teams arbeite ich oft mit der Methode von Katja Vittinghoff, die sie in ihrem Text «Wo, bitte, geht's nach Norden?» dargelegt hat. Die Teilnehmenden schliessen dabei ihre Augen und zeigen in die Richtung, in der für sie Norden liegt. Dabei entsteht meist eine Vielfalt an Himmelsrichtungen und erst recht zeigen nicht alle nach Norden. Haben Sie sich schon mal gefragt, wo Ihr Norden auf Ihrem Lebenskompass liegt und wo genau Sie hinwollen?

Gerade in herausfordernden Situationen und Krisen gibt es eine Vielzahl von inneren Stimmen, die uns beeinflussen und irritieren, indem sie uns die unterschiedlichsten Wege nach Norden zeigen. Was uns dann fehlt, ist ein Kompass oder ein Leuchtturm, der uns Orientierung gibt. Ich erlebe oft, dass Manager im

Moment einer Niederlage ihre Vision und ihre Ziele aus dem Blick verlieren. Es ist, als wäre der Leuchtturm durch Nebelschwaden verdeckt. Die Folge davon ist, dass sie orientierungslos werden, an Selbstbewusstsein und Selbstvertrauen verlieren und letztlich wie ein Schiff ohne Kompass von ihrem Kurs abkommen.

Viele Manager verfallen in diesen Phasen in *Aktionitis,* wie ich es mal nennen möchte. Sie rennen einfach los, planlos. Eigentlich wissen sie gar nicht, in welche Richtung und weshalb. Den Zustand auszuhalten und darüber zu reflektieren, welches die Faktoren waren, die zum Scheitern beigetragen haben, ist beinahe unmöglich. Immer wieder nur loszurennen, gibt ihnen das Gefühl, nicht untätig zusehen zu müssen, wie etwas den Bach runtergeht. Aber es gibt auch jene Manager, die einfach resignieren und liegen bleiben. Schade, denn dadurch werden die Ressourcen und Stärken, die tatsächlich noch vorhanden wären, schlichtweg nicht genutzt.

Durch die Bereitschaft, sich und die Situation genau zu reflektieren, den Mut und den Willen aufzubringen, nach vorne zu schauen und vorwärtszugehen, eröffnen sich neue Wege Richtung Norden. Rowling hat nie ihre Vision aus den Augen verloren. Sie hat an ihre Stärken geglaubt. Wie viele Male hat sie sich wohl gesagt: «Ich kann schreiben und wenn auch nur ich das für mich weiss.» Sie hat an ihre Stärken geglaubt.

Ich möchte Ihnen jemanden vorstellen: das Stehaufmännchen

Vielleicht kennen Sie es aus Ihrer Kindheit, vielleicht sind Sie aber auch noch nie mit ihm in Berührung gekommen. Sein vordergründiges Merkmal ist: Es steht immer wieder auf, ganz egal, wie stark man versucht, es zu Boden zu zwingen. Es bleibt nie liegen. Leicht und federig wippt es immer wieder in den aufrechten Stand zurück – und ist damit sozusagen unbezwingbar.

Stehaufmännchen gibt es auch im wahren Leben. Es sind Menschen, die sich nicht durch Niederlagen oder Misserfolge verunsichern lassen, die in der Lage sind, negative Situationen zu überwinden, und die sich immer wieder neu am Leben versuchen. Sie lassen sich nicht entmutigen, geben nie auf und oftmals wachsen sie sogar an diesen negativen Situationen. Aber was genau ist eigentlich das Geheimnis dieser Krisenkompetenz?

Es ist eine innere Stabilität. Bei den Spielfiguren übernimmt diese Aufgabe ein Gewicht, das einen tiefliegenden Schwerpunkt erzeugt. Mithilfe der Schwerkraft wird das Männchen immer wieder aufgerichtet, sobald sich der Schwerpunkt verschiebt. Und bei uns Menschen? Da ist es schon ein bisschen komplizierter.

Innere Stabilität können wir sicherstellen, wenn wir eine Ausgewogenheit zwischen Körper, Verstand, Gefühl und Seele herstellen (diese vier Begriffe stehen u. a. bei Sylvia Kéré Wellensiek, Trainerin, Therapeutin und Coach, im Mittelpunkt ihrer Arbeit). Sie müssen sich das vorstellen wie eine Betonplatte, die auf diesen vier Säulen ruht. Ist eine Säule weniger hoch als die übrigen oder fehlt sie ganz, gerät das ganze Konstrukt ins Wanken – ein Umfallen droht. Das Umfallen an sich ist gar nicht das Schlimmste daran. Denn wenn ich die Erklärung fürs Umfallen kenne, habe ich die Chance, etwas zu verändern: Einfluss zu nehmen, Dinge nicht dem Zufall zu überlassen und selbstwirksam zu werden. Schlimm wird es erst, wenn Sie liegen bleiben und von allen Seiten überrollt werden, denn das Liegenbleiben provoziert die anderen dazu, auf Ihre Kosten aktiv zu werden.

Diese vier Säulen gehören zusammen, schrumpft eine von ihnen, hat das Auswirkungen auf die gesamte Statik. Grundsätzlich ist es nicht das Ziel, dass alle Säulen gleich ausgeprägt sind. Unterschiedliche Schwerpunkte und Prioritäten sind vollkommen normal. Viel wichtiger ist vielmehr das Bewusstsein dafür, wie es um die Ausprägung dieser Säulen bei einem selbst bestellt ist. Die Frage, die sich stellt, lautet daher: Welches sind meine stabilen Säulen? Aus welchen Säulen kann ich Stärke und Energie ziehen? Und welche Säulen sind zu kurz geraten oder fehlen ganz? Denn auch das kann in Ordnung sein, vorausgesetzt, Sie können es über die anderen Säulen ausgleichen.

Entscheidend ist letztlich, ob Sie sich mit der Ausprägung Ihrer Säulen im Gleichgewicht fühlen oder ob Sie bewusst neue

Schwerpunkte setzen möchten. Ziel eines jeden, der für innere Stabilität sorgen möchte, ist es also, diese vier Säulen gut im Blick zu behalten.

Die vier Säulen der inneren Stabilität

Beginnen wir mit dem *Körper:* Ja, wir sitzen viel, ja, wir bewegen uns zu wenig. Wir nehmen gerne den Aufzug, wir bestellen Fertigmenüs, statt selbst zu kochen. Wenn wir Bluthochdruck, Magenschmerzen, Rückenprobleme oder Kopfschmerzen haben, nehmen wir Medikamente. Denn: Wir müssen ja funktionieren, Leistung bringen, durchhalten. Wer über einen längeren Zeitraum so lebt, läuft erwiesenermassen Gefahr, zu erkranken. Es liegt auf der Hand, dass eine Krankheit unsere innere Stabilität immens ins Schwanken bringt.

Schwieriger wird es, wenn wir den *Verstand* in den Mittelpunkt der Betrachtung rücken. Sie müssen Ziele erfüllen, den Umsatz erhöhen, neue Produkte einführen, Budgets in Millionenhöhe verwalten. Und jedes Jahr werden die Anforderungen grösser. Es gilt, möglichst viele *main tasks* im CV auszuweisen. Nur so ist der nächste Karriereschritt garantiert. Dafür brauchen Sie einen klaren und widerstandsfähigen Verstand, einen «freien Kopf», wie man so schön sagt.

Zur Ganzheitlichkeit gehört auch das *Gefühl.* Wie wertvoll sind die Beziehungen zu Ihrer Familie, zu Ihren Freunden und Businesspartnern? Wie pflegen Sie diese? Wie verlinkt sind Sie in den Social Media? Würden Sie sich Ihren 2500 Netzwerk-Kontakten anvertrauen? Oder fühlen Sie sich trotz dieser Menge einsam? Dienen Ihnen die Kontakte als Mittel zum Selbstzweck oder pflegen Sie sie aus einem ehrlichen Bedürfnis heraus? Viele brauchen soziale Beziehungen nicht in Hülle und Fülle, aber die, die Sie haben, sollten auf Geben und Nehmen beruhen. Nur so steigern sie auch Ihr Selbstwertgefühl.

Mich stimmt die Tatsache, dass gerade Manager in den oberen Etagen kaum Freunde haben, nachdenklich. Oft haben sie auch keine adäquaten Sparringspartner, mit denen sie fachliche Fragen diskutieren können. Je weiter oben, desto einsamer sind sie. Auch wenn ihnen manchmal zum Weinen zu Mute ist, versuchen sie dennoch mit coolen Sprüchen die Situation zu verharmlosen, weil sie nicht zu ihrem Schmerz stehen können. Mitunter spielt das Umfeld der Betroffenen die entsprechenden Anzeichen herunter oder hört gar nicht erst hin.

Wenn ich etwa an den CEO von Swisscom, Carsten Schloter, denke, so gehe ich davon aus, dass nur wenige auf seine Aussage, er sei müde, reagiert haben. Als er sich am 23. Juli 2013 das Leben nahm, leitete ich gerade ein internes Leadership-Seminar bei Swisscom. In vielen Abteilungen und bei vielen Menschen konnte ich eine gewisse Sprachlosigkeit und Ohnmacht feststellen. Im Kondolenzbuch las ich immer wieder die gleichen Sätze: «Hätten wir dir, lieber Carsten, doch nur gesagt, was wir an dir schätzen und bewundern.» Wie oft ist es so, dass wir uns über so manches unsere Gedanken machen, aber nicht wagen, sie auch offen auszusprechen. Und dabei gilt es doch gerade, immer wieder aufs Neue das eigene Bewusstsein dafür zu schärfen, wie wichtig das Hinhören ist. Nicht nur zuhören, sondern hinhören und dabei vor allem auch das heraushören, was zwischen den Zeilen gesagt wird oder gar nie ausgesprochen würde. Solche tragischen Ereignisse halten uns Coaches/Supervisoren immer wieder den Spiegel vor – und zwingen uns zur Selbstreflexion.

Ich habe mich immer wieder gefragt, welche Gedanken sich wohl Carsten Schloters Führungscrew nach dessen Tod gemacht hat. Vielleicht hat sie sich gefragt, wann und bei welchen Gelegenheiten sie ihm wirklich zugehört hat. Was aber bedeutet denn Zuhören? Wie Sie Ihren Mitarbeitern, Kunden und Vorgesetzten aufmerksamer zuhören können, zeige ich Ihnen am *Co-Active®-Coaching-Modell* auf Seite 117.

Zurück zu den vier Säulen: Die vierte Säule steht für die Seele. Unsere Seele braucht Sinn. Was aber für einen selbst Sinn macht, ist von Mensch zu Mensch sehr unterschiedlich und hängt signifikant mit den eigenen Werten zusammen. Ein solcher Wert könnte beispielsweise die Familie sein. Für einen Mann etwa – und selbstverständlich auch für eine Frau – würde dies bedeuten, dass es ihm Sinn gibt, Zeit mit der Familie zu verbringen, etwas für sie zu tun und

Verantwortung für sie zu übernehmen. Wenn ihm jetzt das Unternehmen immer höhere Zielvorgaben macht, die nach einer immer stärkeren Leistungsorientierung verlangen, sodass er Abstriche bei seiner Familie machen muss, muss es zu einem inneren Konflikt kommen. Ganz konkret: Wenn er nach Hause kommt, sind die Kinder schon im Bett. Um sich mehr mit ihnen zu beschäftigen, opfert er am Wochenende ein paar Stunden Zeit. Diese hat er sich aber von der Arbeit, die er sich selbstverständlich mit nach Hause genommen hat, mühsam abgerungen, um sein Gewissen zu beruhigen. Statt also wirklich etwas zusammen mit seinen Kindern zu erleben und ganz für sie da zu sein, macht er nur gleichsam ein Häkchen unter das Thema Familie und Erziehung. Solche Wertekonflikte führen massgeblich zu einer psychischen Instabilität.

Aber das ist nicht alles: Irgendwann, Jahre später, wenn er wieder einmal spät von der Arbeit nach Hause kommt, wird er plötzlich feststellen, dass seine Kinder inzwischen erwachsen geworden und von zu Hause ausgezogen sind, um ihr eigenes Leben zu leben. Ihm wird mit einem Schlag klar werden, dass die verlorene Familienzeit nicht nachgeholt werden kann. Und dieses Bewusstsein nimmt sich ungefragt das Recht, früher oder später etwas mit einem zu machen.

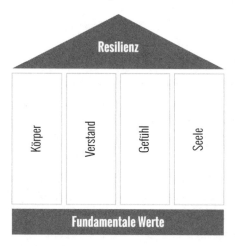

Abb. 1: Die vier Säulen der inneren Stabilität. Eigene Darstellung

Fatal ist, dass wir häufig gar nicht merken, wie an unseren Säulen gekratzt wird und diese allmählich brüchig werden. Das liegt an unserem Lebensstil. Wenn Sie eine Managementposition haben, vermute ich, dass Sie Ihre Kopfschmerzen zehnmal eher mit Tabletten behandeln, als zum Arzt zu gehen, richtig? Schliesslich hat der Arzt um 20 Uhr auch keine Sprechstunde mehr.

Was machen wir, wenn wir Rückenschmerzen haben? Wir lassen uns eine Spritze geben. Was machen wir, wenn wir Schlafstörungen haben? Wir nehmen Schlaftabletten. Ständig betreiben wir bei uns selbst Symptombekämpfung, statt uns mit den wirklichen Ursachen auseinanderzusetzen. Wenn wir abends nach einem vollen, stressigen Tag Kopfschmerzen haben, dann sind die nicht vom Himmel gefallen – unser Körper gibt uns ein Zeichen, er warnt uns, dass es ihm gerade zu viel wird.

Eine ebenfalls sehr beliebte Symptombekämpfung ist die Ablenkung. Alkohol trinken, den Fernseher an- und den Kopf abschalten – alles, um sich bloss nicht damit auseinanderzusetzen, dass man eigentlich schon lange nicht mehr glücklich ist und sich auch nicht daran erinnern kann, wann man das letzte Mal eigentlich wirklich glücklich war. Im Grunde kann man dieses Verhalten mit folgendem Szenario vergleichen: Wenn in Ihrem Auto eine Warnleuchte angeht, beispielsweise die Motorkontrollleuchte, dann fahren Sie ja auch nicht in die Werkstatt und lassen nur das Birnchen der Leuchte rausdrehen – oder? Sie möchten dann schon, dass die Werkstatt herausfindet, was die Ursache dafür ist, dass sie leuchtet.

Warum fragen wir uns selbst so selten, was eigentlich die Ursache des Problems ist? Es kommt immer ungelegen, wenn Beruf und Arbeit zu Spielverderbern unserer Pläne werden. Verschieben Sie auch Urlaube, weil Sie gerade im Büro nicht abkömmlich sind, oder müssen Sie der Familie zuweilen gar hinterherreisen? Kommt es vor, dass Sie vor lauter Terminen sogar Familienfeste ausfallen lassen, nicht zu den Fussballspielen Ihres Kindes gehen und selbst noch nachts um 2 Uhr auf berufliche E-Mails antworten?

Es tut mir leid, Ihnen sagen zu müssen, dass Sie wahrscheinlich auf dem besten Weg sind, umzufallen und einfach liegen zu bleiben, früher oder später. Wie Sie sich davor schützen können? Dafür gibt es kein Patentrezept, denn was Körper, Verstand, Gefühl und Seele möchten, ist bei jedem von uns ganz unterschiedlich. Wer aber ein Stehaufmännchen werden möchte, der sollte sich genau mit diesen Themen auseinandersetzen.

Immer wieder haben wir die Chance, Menschen zu begegnen, die unerschütterlich sind, die immer wieder aufstehen, egal wie hart sie zu Boden «geschlagen» wurden. Sie sind im wahrsten Sinne des Wortes «Steh-auf-Männchen». In diesem Zusammenhang fällt seit einigen Jahren auch häufig das Wort «Resilienz».

Seit Jahren beschäftigen sich viele Ärzte, Coachs, Supervisoren und weitere Berufsgruppen mit dem Thema Resilienz. Viele Versicherer und Krankenkassen bieten Seminare und Workshops zur Prävention an. Resilienz beschreibt eine mentale Widerstandsfähigkeit und der Begriff wurde von Emmy Werner geprägt, die 1955 auf Kauai mit einer Studie begann. Sie und ihr Team beobachteten 700 Jungen und Mädchen über eine Zeit von 40 Jahren hinweg. Dabei waren aber nur 210 dieser Kinder für das Forscherteam von wirklichem Interesse, denn sie wuchsen unter schwierigen Bedingungen auf. Ihre Kindheit war geprägt von Armut, Vernachlässigung, Krankheit, Trennung der Eltern oder Misshandlungen. Zwei Drittel dieser 210 Kinder fielen bis zu ihrem 18. Lebensjahr durch Lern- und Verhaltensprobleme auf. Sie hatten psychische Probleme, andere begannen eine kriminelle Karriere.

Doch ein Drittel von ihnen wuchs trotz schlechter Startbedingungen zu glücklichen Erwachsenen heran. Sie waren erfolgreich im Beruf und in der Lage, glückliche Beziehungen aufzubauen. Während der Dauer der Studie kam keines dieser Kinder mit dem Gesetz in Konflikt oder war auf soziale Unterstützung angewiesen.

Emmy Werner und ihr Team interessierte natürlich, was dafür verantwortlich war. Zwei Gründe wurden von dem Forscherteam als mögliche Ursachen erfasst:

1. **Bezugsperson:** Die Kinder hatten mindestens eine liebevolle Bezugsperson in ihrem Leben.
2. **Verantwortung:** Die Kinder übernahmen früh Verantwortung, beispielsweise für jüngere Geschwister, oder übernahmen ein verantwortungsvolles Amt in der Schule.

Ihnen allen gemeinsam war, dass sie eine hohe soziale Kompetenz und innere Stärke hatten. Der Begriff Resilienz stammt eigentlich aus der Physik und beschreibt die Fähigkeit eines bestimmten Materials, nach einer Veränderung seines Zustandes wieder in seinen Ausgangszustand zurückzukehren. Gummi z. B. wird als resilient bezeichnet, weil es nach extremer Anspannung immer wieder in seinen Ursprungszustand zurückkehrt. Auf den Menschen übertragen bedeutet dies: Wer resilient ist, ist ein Stehaufmännchen und zeichnet sich damit durch Krisenkompetenz aus.

Dieses «Steh-auf-Männchen-Gen», wie ich es hier einmal nennen möchte, scheint unter uns Menschen sehr unterschiedlich verteilt zu sein. Aber keine Angst, Resilienz ist keine unveränderbare Tatsache wie etwa die Augenfarbe. Resilienz lässt sich erlernen, aufbauen und stärken – auch im Erwachsenenalter. Resilienz bedeutet, dass ich mich bewusst gegen Einflüsse und Widrigkeiten von aussen wappnen kann, wie mit einem Regencape, das mich gegen Wind und Wetter schützt.

Immer wieder kommen Manager zu mir und wünschen sich Tipps und Tricks zur Stärkung ihrer Resilienz. Am liebsten hätten sie ein Flussdiagramm, das ihnen sagt: Wenn Situation X eintrifft, dann ist Y die Lösung. Doch solch einfache Lösungen gibt es nicht.

Heute bezeichnen wir unseren Alltag als VUKA-Welt, ein Akronym, das aus folgenden Worten besteht:
» Volatility (Volatilität)
» Uncertainty (Unsicherheit)
» Complexity (Komplexität)
» Ambiguity (Ambivalenz)

Die Welt ist also unbeständig, unsicher, komplex und ambivalent, und das merken wir auch immer mehr. Gerade Sie als Manager und Führungskräfte sind den ganzen Tag über immer wieder mit schlechten Nachrichten konfrontiert, müssen mit ihnen leben und trotzdem unbekümmert vorangehen. Und doch gibt es im Leben der High-Performer, der erfolgreichen, zielorientierten Strahlemänner, Hochangesehenen und Nur-drei-Stunden-Schläfer immer wieder auch eine Wende. Diese Wendepunkte können Krankheiten, Familiengeschichten, Burn-outs oder einfach nur das unbehagliche Gefühl sein, dass «nichts mehr geht». Wie von einem Tornado wird dann das eigene Leben von heute auf morgen komplett durchgeschüttelt, sodass nachher nichts mehr wie vorher ist. Vieles, was früher selbstverständlich war, wird auf einmal in Frage gestellt: «Muss ich auf der Karriereleiter wirklich bis nach oben?», «Wozu tue ich mir das alles an?», «Brauche ich überhaupt so viele Aufträge?», «Will ich noch so viel arbeiten?», «Wie kann ich mein Leben lebenswerter gestalten?»

Solche Wende- oder Krisenpunkte, so hart sie einen auch treffen können, sind dennoch ideal, um in sich zu gehen und sich selbst den Spiegel vorzuhalten und sich zu fragen: Wie beeinflusst diese Veränderung mein Denken, Fühlen, Reden und Handeln?

Ich selber hatte in diesen Tagen eine solche Krise. Auf einmal, wie aus dem Nichts, blitzte es in der Dämmerung in meinem rechten Auge und Spinnfäden tauchten auf und verschwanden wieder. Erst dachte ich, es sei womöglich eine Augenmigräne, wie ich sie schon einmal vor vielen Jahren erlebt hatte, als ich stundenlang Excel-Listen bearbeitet hatte. An diesem Tag jedoch kam ich glücklich von einem Familienfest zurück und Stress konnte ich auch ausschliessen, denn zu diesem Zeitpunkt lief es rund und alles war im grünen Bereich. Nach einer langen und erholsamen Nacht war am Morgen danach alles wieder in bester Ordnung – bis zur nächsten Dämmerung, da wiederholte sich das Schauspiel erneut. Zu den Spinnfäden gesellten sich jetzt auch noch kleine Mückchen. Ich holte mir bei Google Rat und las, dass eine Netzhautablösung diese Symptome mit sich bringen kann und dass es in seltenen Fällen auch zu irreparablen Schäden kommen könnte, bis hin zur Erblindung. Wenn man wie ich in seinem nahen Umfeld Personen kennt, die infolge von Netzhautablösungen schlecht oder kaum mehr sehen, bedrückt einen diese Situation gewaltig.

Meine notfallmässige Untersuchung bei der Augenärztin führte zur Entwarnung. Das komme im Rahmen des Alterungsprozesses öfters vor, wie sie sagte. Während des Wartens im Wartezimmer jedoch habe ich mir mehrmals die Frage gestellt: «Was ist, wenn die Ärztin sagt, dass man mein Augenlicht nicht mehr retten könne?»

Lieber Leser, stellen Sie sich doch selber mal diese Frage. Ich war und bin noch heute erleichtert, dass ich zu den Glücklichen gehöre, die noch mal glimpflich davongekommen sind. Mit diesem Wissen kann ich nun – auch jetzt, während ich diese Zeilen auf der Terrasse schreibe – bei Dämmerlicht mit den auftauchenden Augenblitzen gut umgehen. Vor allem aber gibt es mir die Chance, mich daran zu erinnern, dass nicht alles im Leben selbstverständlich ist und dass man ihm daher mit mehr Dankbarkeit und Demut begegnen sollte. Und daraus kann ich dann hoffentlich auch die Kraft schöpfen, um mit der nächsten Veränderung im Leben zurechtzukommen. Richard K. Streich hat das 7-Phasen-Modell der Veränderung geprägt. Diese Phasen durchschreiten wir bei jeder Veränderung, wobei die Phasen unterschiedlich ausgeprägt sein können. Nicht jeder erlebt die Phasen bei Veränderungen gleich intensiv und auch nicht in der gleichen Dauer.

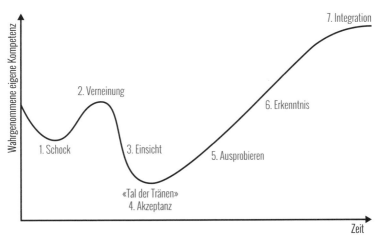

Abb. 2: Phasen der Veränderung. Eigene Darstellung nach Streich: Fit for Leadership, Kap. 2.2.5

1. Schock
2. Verneinung
3. Einsicht
4. Akzeptanz
5. Ausprobieren
6. Erkenntnis
7. Integration

Zuerst also der Schock. Selbst wenn wir schon ahnen, dass eine Veränderung auf uns zukommt, erwischt sie uns meist kalt. Wie stark der Schock ist, hat damit zu tun, was die Konsequenzen daraus sein werden. Und die Konsequenzen werden sehr unterschiedlich erlebt und aufgenommen. Nach dem Schock folgt die Verneinung: «Das geht nicht!», «Das kann doch nicht sein!», «Das mache ich nicht mit!», «Die werden schon sehen, dass das nicht geht!» sind Sätze, die in dieser Phase sehr oft fallen. Die eigene Kompetenz kann dabei kurzfristig aus subjektiver Sicht höher eingeschätzt werden. Während der Phase der Einsicht ist der erste Ärger, die erste Wut erst mal verpufft und ein Reflektieren wird möglich. Ausserdem besteht hier auf Seiten der Vorgesetzten die Möglichkeit, die Gründe für die Veränderung mit zusätzlichen Informationen zu untermauern, damit ein Verständnis für die Veränderung entsteht. Wer in Phase vier ankommt, akzeptiert die Veränderung. Er befindet sich zwar im «Tal der Tränen» und damit am Tiefpunkt des Prozesses, orientiert sich aber gedanklich bereits neu. In der nächsten Phase probiert er dann auch schon erste praktische Schritte in der neuen Situation aus und erkennt, dass alles gar nicht so schlimm ist wie gedacht. Sobald sich dabei erste Erfolge einstellen, wird die Veränderung vollständig akzeptiert und in den Alltag integriert.

Die genannten 7 Phasen der Veränderung lassen sich aber auch entsprechend vorbereiten, damit sie schneller durchlaufen werden können. Letztens rief mich z. B. ein Kunde an, der mir erzählte, dass ihm gekündigt wurde. Er sagte zu mir: «Frau Meiler, ich befinde mich nun auf dem Weg ins Tal der Tränen, doch im Wissen darum, dass die nächste Phase ›Ausprobieren‹ heisst, blicke ich positiv in die

Zukunft.» Dieser Kunde war ein paar Mal bei mir gewesen und hatte mir von seiner Befürchtung erzählt, dass ihm gekündigt werden könnte. Er war sich bewusst, dass er mit über 50 und seinem Wohnort fernab in den Bergen nicht mit Jobangeboten überhäuft werden würde. Und noch dazu hatte er sich dort erst kürzlich ein neues Haus gebaut. Gedanklich wollte sich mein Klient also schon einmal für den Fall der Fälle vorbereiten. So kam es, dass er in einer der Coachingsitzungen das Thema, wie es für ihn danach weitergehen könnte, angehen wollte. Anhand des Veränderungsprozesses spielten wir viele mögliche Szenarien durch. Als die schlechte Nachricht dann innerhalb der nächsten Monate tatsächlich eintraf und sich also seine schlimmsten Befürchtungen bestätigten, stürzte deshalb für ihn die Welt nicht gleich zusammen, denn er war ja «vorbereitet». Der Schock war letztlich gar nicht so gross, weil er wusste, dass es zwar zunächst einmal für ihn abwärtsgehen könnte, es aber danach sicherlich auch wieder weiter- und aufwärtsgehen würde. Ich freue mich, dass für ihn dann tatsächlich auch eine andere, neue Tür aufging. Seine Fähigkeit, für Neues offen zu sein, spielte ihm dabei sicherlich in die Karten.

Krisenkompetenz

Im Chinesischen gibt es ein Schriftzeichen für Krise, das sich aus den beiden Begriffen Gefahr und Gelegenheit zusammensetzt. Passt das für Sie zusammen? Ist eine Krise für Sie auch gleichzeitig eine Gelegenheit? Damit machen die Chinesen deutlich, dass in einer Krise – so wie in anderen Bereichen des Lebens – nicht alles nur schwarz ist, sondern teilweise auch weiss.

Als Beispiel können wir uns dafür den Abgas-Skandal von 2016 anschauen. Es wurden Fehler gemacht und diese wurden vertuscht, aber dann trotzdem entdeckt und aufgedeckt. Dadurch wurde eine riesige Krise ausgelöst, die immense Kosten verursachte, Arbeitsplätze gerieten in Gefahr und anderes mehr. Ganz abgesehen von dem gewaltigen Imageschaden. Aber es ergaben sich auch Chancen. Denn auf einmal wurden die Unternehmen zur Transparenz gezwungen und dazu, sich über Alternativen Gedanken zu machen. Dies wiederum bot anderen Unternehmen die Gelegenheit, beispielsweise durch den Verkauf von Elektroautos mehr Umsatz zu generieren.

Genauso kann eine persönliche Krise zu etwas Tollem führen. Zum Beispiel wenn ein Manager seinen Job verliert. Gewiss, das ist tragisch, aber vielleicht bietet sich ihm genau deshalb die Gelegenheit, eine Anstellung zu finden, mit der er selbst vielleicht nie gerechnet hätte. Die Krise gibt einem auch hier die Chance, sich auszuprobieren und neue Wege zu gehen.

In Ihrem Unternehmen haben Sie bestimmt Strategien für die Umsetzung einer professionellen und achtsamen Krisenkommunikation und die dazugehörige Medienarbeit definiert. Womöglich spielen Sie in diesen Krisensituationen eine entscheidende Rolle. Sie haben sich damit befasst, welche Krisen die Firma heimsuchen könnten, welche Auswirkungen daraus resultieren, welche Konsequenzen zu ziehen wären und wie dann eine entsprechende Krisenkommunikation ablaufen würde. Wer sitzt im Krisenstab und welche Regeln gibt es für diesen? Und wie soll der Umgang mit den Medien organisiert werden?

Fragen Sie sich selbst:

» Wie bin ich bisher in meinem Leben mit Krisen und Veränderungen umgegangen?
» Wie sind meine ganz persönliche Krisenkommunikation und meine «Medienarbeit»?
» Welche Checklisten kommen dabei zum Einsatz?

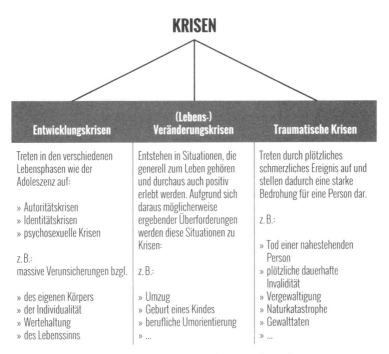

Abb. 3: Differenzierung des Krisenbegriffs nach Plötzlichkeit und Bedeutung. Eigene Darstellung nach Goll; Sonneck: Was sind psychosoziale Krisen, S. 31–37

Wie in der Grafik ersichtlich, können drei verschiedene Krisenarten unterschieden werden: Entwicklungskrisen, (Lebens-)Veränderungskrisen und traumatische Krisen. Wenn wir an die häufigsten Krisenarten denken (Identitätskrisen, Scheidung, Todesfall in der Familie, schwere Erkrankungen oder Naturkatastrophen usw.), so stellt sich die Frage, was dazu beitragen kann, dass diese überwunden werden. Wenn Sie sich an Ihre Krisen erinnern, fragen Sie sich einmal, welche Ressourcen Ihnen in Changeprozessen zur Verfügung standen und wie Sie diese genutzt haben, um die entsprechende Phase zu überstehen. Von Ressourcen zu sprechen hört sich für Sie vielleicht komisch an, weil es ein Begriff ist, der mit Rohstoffen in Verbindung gebracht wird. Bei uns Menschen sind Ressourcen das, woraus wir Energie schöpfen. Das ist für jeden unterschiedlich. Die einen schöpfen Energie daraus, dass sie Sport treiben, andere treffen Freunde, wieder andere sind gerne in der Natur, in ihrer Werkstatt oder auf irgendeine Weise kreativ tätig. Bei Managern und Führungskräften erlebe ich es häufig, dass sie sich während Krisen in die Arbeit stürzen, denn dann müssen sie nicht nachdenken, weil sie ja anderweitig beschäftigt sind. Von Energiespendern kann man dann allerdings nicht sprechen. Sie haben längst aufgehört, ihre Ressourcen aufzustocken. Deshalb lohnt es sich, genau hinzuschauen, welche Ressourcen wieder reaktiviert werden können. Meistens weiss man nämlich auch selber nicht mehr, warum man eigentlich bestimmte Ressourcen vernachlässigt hat.

Viele meiner Klienten habe ich dabei begleitet, wie sie vergessene Ressourcen wieder aus dem Dornröschenschlaf geweckt haben. Manchmal war es etwas völlig Banales, wie z. B. «Wieder einmal Tennis spielen mit Max», oder das wirkliche Erschaffen von etwas, wie beispielsweise ein Baumhaus für die Kinder. Als Manager erschafft man ja eigentlich nichts, man sieht meist nur Zahlen von etwas, das andere erschaffen haben. Wer aber mit seinen eigenen Händen etwas kreiert und zum Leben erweckt, spürt eine ganz andere Art von Erfüllung. Viel öfter als wir denken, sind es wirklich die kleinen Dinge im Leben, die zählen und Gewicht haben und sich dann auch entsprechend auf unseren Gemütszustand auswirken.

Schritt für Schritt

Oft werden in Krisen Alkohol, Drogen und Medikamente konsumiert. Doch das ist keine Lösung auf Dauer. Gerade Senioren zeigten in den letzten Jahren ein erhöhtes Mass an Abhängigkeit, was Alkohol betrifft. Viele fallen in eine Krise, wenn sie in Rente gehen. Auf einmal erkennen sie, dass die Firma auch ohne sie weiterläuft. Sie fallen in ein Loch, weil sie sich nicht mehr gebraucht fühlen. Zum eigenen Schutz definieren sie sich dann Regeln wie z. B.: «Ich trinke nie vor 17.00 Uhr», oder: «An einem Tag in der Woche verzichte ich bewusst auf Alkohol». Was in Krisen immens wichtig ist, ist, eine Tagesstruktur zu haben. In Krisen zeigen Menschen nämlich oft ein Verhalten von Rückzug und Isolation. Dass dann soziale Ängste und Schwierigkeiten bei der Gestaltung von Kontakten auftauchen, liegt auf der Hand. Sie schauen zigmal am Tag aufs Handy, ob eine persönliche Nachricht eingetroffen ist. Aber sie überlegen nicht, dass sie vielleicht erst eine schreiben könnten, um auch eine zu erhalten. Tagesstruktur bringt Stabilität in den Alltag und es fällt damit leichter, sich Tages- und Etappenziele zu setzen.

Grosse Ziele sind in Krisen häufig in weiter Ferne und scheinen unerreichbar. Deshalb wagen wir vielleicht nicht einmal, sie in Worte zu fassen. Etappenziele sind die Lösung. Formulieren Sie Teilschritte auf Ihrem Weg zu diesem Ziel, indem Sie schauen, wie Sie diesem näher kommen können. Am besten gestalten Sie den einzelnen Schritt so, dass es für Sie sogar lustvoll ist, zu beginnen. Wenn Sie sich damit beschäftigen, planen Sie am besten direkt Ihre Stärken und die Ressourcen (und deren Auffüllung) mit ein, die Sie aus der Krise heraus und hin in Richtung Ziel führen. Was ist Ihr nächster kleiner Schritt, was ein nächstes kleines Etappenziel? Und wie belohnen Sie sich, wenn Sie dieses erreichen? Schliesslich spricht nichts dagegen, auch nur mit sich und der Familie Erfolge zu feiern. In der Schule oder in Seminaren heisst es meist: «Ist Ihr Ziel nach SMART definiert und welchen Massnahmenplan setzen Sie um?» Heute zählt vielmehr die Frage, was für Sie ein erster lustvoller, kleiner Schritt sein könnte. Wofür möchten Sie in Verantwortung gehen? Wichtig ist einfach, aufzubrechen. Häufig erkennen meine Klienten nicht, dass sie sich schon auf den Weg gemacht haben, denn sonst hätten sie sich wohl kaum auf einen Coachingprozess eingelassen. Für viele brauchte es dazu eine mutige Entscheidung. Und das gilt es zu würdigen.

Immer wieder begegne ich in meiner Arbeit mit Managern und Führungspersonen Männern, die für sich noch nie eine Standortbestimmung vorgenommen haben. Es wird also nicht innegehalten und mal geschaut, ob man noch auf Kurs ist. Ob das, was man tagein, tagaus macht, auch einen Schritt auf dem Weg zu den persönlichen

Zielen und letztendlich auch zur Realisierung der eigenen (Lebens-) Vision darstellt. Im Gespräch mit mir fällt ihnen dann oft auf, dass sie gar keine Ziele haben und ihr Leben noch nie in Frage gestellt haben. Wie auch? Sie sind mit dem Unternehmen mitgewachsen, das Hamsterrad drehte und drehte sich und sie sind einfach immer nur mitgelaufen.

Meine wichtigsten Ziele/Wünsche

Überlegen Sie sich, welches denn eigentlich Ihre zehn wichtigsten Ziele/Wünsche im Leben sind, sowohl privat als auch beruflich. Während Sie sich Ihre Gedanken machen, gewichten und priorisieren Sie.
Leitfragen dafür können sein:
» Was möchte ich gern noch machen?
» Was möchte ich beruflich erreichen?
» Was möchte ich privat erreichen?
» Was würde mir Freude/Spass machen?
» Was habe ich aus irgendwelchen Gründen immer wieder verschoben bzw. nicht gemacht?

Dann konkretisieren Sie Ihre Ziele:
» Was genau wollen Sie erreichen?
» In welchem Ausmass?
» Wer oder was kann/soll Sie dabei unterstützen?

Klären und prüfen Sie Ihre gewählten Ziele nun:
» Was wäre die persönliche Motivation für die – sagen wir mal – fünf wichtigsten Ziele?
» Welche Konsequenzen (bzw. welchen Preis) haben diese Ziele in Bezug auf Ihre Arbeit, Partnerschaft, Familie, Freunde, eigene Werte, Gesundheit, Hobbys, Finanzen usw.?
» Was würden Sie mit Ihrem Ziel in Ihrem Umfeld und bei Ihnen selbst bewirken?
» Wenn Sie einen Blick auf die Kehrseite – und die wird es geben – der Medaille werfen: Wollen, sollen oder müssen Sie an der ursprünglichen Zielformulierung etwas verändern?

Wenn Sie sich an die präzisierten Zielvorstellungen setzen und diese aufeinander abstimmen: In welcher Rangfolge sollen Ihre Ziele dann erreicht werden? Welches Ziel hat für Sie die höchste Priorität? Konzentrieren Sie sich auf das Ziel mit der höchsten Priorität. Welche persönlichen Ressourcen (z. B. Mut, Hartnäckigkeit, Ausdauer, Energie, Selbstdisziplin, selbstbewusstes Auftreten, Wissen, Fertigkeiten), sozialen Ressourcen (z. B. Unterstützung, Ermutigung durch andere Menschen) und materiell-finanziellen Ressourcen (z. B. Zeitressourcen) benötigen Sie, um Ihr wichtigstes Ziel zu erreichen? Und schlussendlich: Welches sind die nächsten Massnahmen, die Sie ergreifen müssen, um Ihr Ziel zu erreichen?

Immer wieder stelle ich meinen Klienten die Frage: «Nehmen wir an, morgen wäre der letzte Tag in Ihrem Leben – wie würden Sie diesen gestalten?» Lieber Leser, stellen Sie sich doch auch gerade jetzt einmal diese Frage: Gehören Sie zu jener Gruppe, die dabei sogleich in Panik verfällt – wie das vielen meiner Klienten ergeht –, oder gehören Sie zu jenen, die sagen, dass sie schnell im Büro noch das Reporting abschliessen, noch ein letztes Mal den Projektstatus finalisieren, einen Konflikt klären oder sonst noch etwas regeln würden?

Wie oft blättern wir die Zeitung durch und lesen die Todesanzeigen. Wieso tun wir das? Sind wir einfach voyeuristisch veranlagt? Und wie oft denken wir: «Oh, diese Person ist ja mein Jahrgang oder gar noch jünger»? Kaum ist die Zeitung wieder zugefaltet, hat sich der Gedankengang bereits wieder verabschiedet, bis zum nächsten Tag, wenn wir die Zeitung wieder aufschlagen und die Todesanzeigen erneut lesen. Wenn Sie auch zu jenen Menschen gehören, die das tun, reservieren Sie doch für morgen mal ein Zeitfenster für sich und schreiben Sie Ihre eigene Grabrede. Vielleicht scheint Ihnen das etwas makaber. Es gäbe Ihnen jedoch die Möglichkeit, im Angesicht Ihrer eigenen Endlichkeit zu erkennen, ob Ihr Leben auch wirklich Ihrer Wunschvorstellung entspricht. Sie werden sehen, dass es einen Unterschied macht, ob Sie Ihre Rede nur gedanklich durchspielen oder sie tatsächlich auch in Worte fassen.

1.2 Jeder Stein zählt

Kennen Sie die Geschichte von dem Glas und den Steinen? (Sie können sie bei Stephen R. Covey et al., *Der Weg zum Wesentlichen,* im Original nachlesen.) Ein Uniprofessor stellte sich in einer Unterrichtsstunde vor seine Studenten und zeigte ihnen ein Einmachglas. Er füllte dieses Glas mit grossen Steinen und fragte: «Ist das Glas voll?» Die Studenten nickten – klar, voll bis oben hin, nichts geht mehr.

Daraufhin holte der Professor eine Schachtel mit Kieselsteinen hervor und leerte diese über dem Glas aus. Die kleinen Steinchen setzten sich in die Zwischenräume der grossen Steine. Er fragte die Studenten wieder: «Ist das Glas voll?» Wieder nickten die Studenten eifrig. Jetzt war es wirklich voll, da passten auf gar keinen Fall noch weitere Steine dazwischen.

Mit einem Lächeln auf den Lippen setzte der Professor eine Schachtel mit Sand an und liess diesen ins Glas rieseln. Der Sand füllte auch noch die letzten Ecken und Lücken aus. Der Professor schaute von dem Glas auf und sah seine Studenten an: «Dieses Glas ist wie euer Leben. Die grossen Steine sind die Dinge, die wichtig sind in Ihrem Leben: Familie, Partner, Freunde, eigene Kinder, Berufung und Gesundheit. Wenn nur diese Dinge übrigblieben – es wäre genug, um Sie glücklich und erfüllt sein zu lassen.

Die Kieselsteine sind Dinge, die weniger wichtig sind: welchen Job Sie haben, wo und wie Sie wohnen oder welches Auto Sie fahren. Der Sand steht für die kleinen Dinge in Ihrem Leben, die Ihnen oft keinen Mehrwert bieten. Bedenken Sie nun: Wenn Sie Ihr Glas zuerst mit Sand füllen, werden vielleicht noch ein paar Kieselsteine reinpassen, aber keine grossen Steine mehr. Übertragen auf Ihr Leben bedeutet das: Wenn Sie viel Energie für die eigentlich unwichtigen Steine verbrauchen, haben Sie keine mehr, wenn es um Ihre grossen Steine geht. Nehmen Sie sich also Zeit für die Dinge, die für Sie grosse Steine sind. Für Ihre wirklich, wirklich wichtigen Ziele. Der Rest ist nur Sand, das bedeutet, für Haushalt, Partys oder Zappen im Fernsehen wird immer noch genug Zeit in den Lücken bleiben.»

Haben Sie schon mal so auf Ihr Leben geschaut? Wie oft vergeuden wir Tage, Wochen, Monate oder gar Jahre mit Sand und kleinen Steinen?

«Auf unserem Sterbebett werden wir nicht die Dinge bereuen, die wir getan haben, sondern die, die wir nicht getan haben.» Diesen Satz prägte Randy Pausch, der früh verstorbene Informatiker und Miterfinder der Google-Benutzeroberfläche in seiner heute legendären letzten Vorlesung. In diesem Satz konzentriert sich auch die Essenz aus einem Buch, das die Sterbebegleiterin Bronnie Ware veröffentlichte – *The Top Five Regrets of the Dying – A Life Transformed by the Dearly Departing*. 280 Seiten füllte sie mit den fünf Dingen, die Sterbende am meisten bereuen. Auf Platz eins stand dabei: «Ich wünschte, ich hätte weniger gearbeitet», aber nur einer hatte es im Laufe seines Lebens dann auch umgesetzt – ohne es zu bereuen.

Dieser Satz fiel vor allem bei den Männern – klar, denn Männer sind auch heute noch meist diejenigen, die in den Familien das Geld verdienen, auch wenn sich das gerade ändert. Sie bereuten laut dem Buch am meisten, zu wenig Zeit mit ihren Kindern, ihrer Frau/Partnerin oder Freunden verbracht zu haben. Es waren also nicht die grossen Träume wie Weltreisen, schicke Häuser, mehr Sex oder noch mehr Geld, denen sie nachtrauerten, sondern vielmehr zwischenmenschliche Dinge. Auf Platz zwei stand übrigens der Wunsch, «den Mut gehabt zu haben, mein eigenes Leben zu leben». Zu oft machen wir es anderen recht statt uns selbst, geben anderen, was sie brauchen und wollen, statt uns unsere eigenen Wünsche zu erfüllen. Ware erzählte, dass nicht einmal die Hälfte der Befragten sich ihre eigenen Träume erfüllt hatte.

Platz drei und vier drehten sich um persönliche Wünsche: «Ich hätte meine Gefühle besser ausdrücken sollen» und «Ich wünschte, ich hätte mich mehr um meine Freunde gekümmert». Beides trägt dazu bei, dass wir unsere Seele reinigen, denn alte Freunde geben uns das Gefühl von Geborgenheit, während unterdrückte Gefühle sogar zu Krankheiten führen können.

Auf Platz fünf stand: «Ich wünschte, ich hätte mir mehr Freude gegönnt.» Glück und Freude, dafür können wir uns entscheiden, jedenfalls die meisten von uns, denn das ist nichts, was wir nicht selbst in der Hand haben im Leben. Die Autorin wunderte sich darüber, wie oft dieser Punkt angesprochen wurde: «Viele sind so in ihren Verhaltensweisen gefangen, dass sie vergessen haben, wie man auch mal richtig herzlich lacht oder albern ist.»

Das Buch entstand, während Ware drei bis zwölf Wochen lang sterbenden Menschen zur Seite stand. Sie schildert darin, dass sich alle mit ihrer Sterblichkeit abfinden und viele sogar aufgrund der Unausweichlichkeit des Todes innerlich wachsen und sich weiterentwickeln. Zugleich vermittelt das Buch aber auch den Eindruck, dass die meisten Menschen aufgrund ihrer täglichen To-dos ihre grossen und wichtigen Steine in ihrem Leben gar nicht unterbringen konnten. Diese fünf Punkte zeigen uns daher, was wir ändern können, um am Ende unseres Lebens weniger zu bereuen.

Nehmen wir mal einen Meterstab als Metapher für unser Leben. Wenn wir davon ausgehen, dass wir 100 Jahre alt werden, reicht der Meterstab aus. Meine Urgrossmutter ist 1884 geboren und wurde fast 101 Jahre alt. Obwohl ich mir auch ein langes Leben wünsche, bin ich der Meinung, dass ein erfülltes Leben nicht in seiner Quantität, sondern in seiner Qualität liegt. Legen Sie den einen Zeigefinger auf 42 cm, wenn Sie 42 Jahre alt sind. Und den anderen Finger auf die 91, wenn Sie 91 Jahre anstreben. Und nun überlegen Sie: Wenn Sie mit 91 auf Ihr heutiges Alter von 42 zurückblicken würden, wofür wären Sie dann dankbar? Und was hätten Sie anders machen wollen? Für diesen vorweggenommenen Rückblick ist heute bereits der richtige Zeitpunkt, um schon morgen so zu leben, wie Sie wirklich leben wollen. Nehmen Sie also schon heute, wo nötig, die erste Kurskorrektur vor und fragen Sie sich: Gibt es Themen, die einer Versöhnung bedürfen? Klären Sie die Konflikte, damit Sie sich später keine Vorwürfe machen müssen. Gibt es Dinge, von denen Sie träumen? Was können Sie heute tun, um diesem Traum etwas näher zu kommen, anstatt eines Tages feststellen zu müssen, dass er nur ein blosser Traum geblieben ist? Und tun Sie das, worauf Sie Lust haben, denn schliesslich ist es Ihr Leben.

Ich selbst habe auch immer wieder stresserfüllte Phasen, in denen es mir nicht leichtfällt, mich um meine grossen Steine zu kümmern. Ich versuche mir aber immer wieder Zeit für die Menschen zu nehmen, die mir wichtig sind. Der 14. August 2015 war ein solcher Tag, an dem ich das starke Bedürfnis verspürte, meine Patentante und meinen Patenonkel zu sehen. Eigentlich passte das gar nicht in meinen Zeitplan und auch nicht in mein Budget. Meine inneren Stimmen führten heftige Diskussionen. Die eine Stimme in mir sagte: «Du bist selbstständig erwerbstätig und musst sparsam sein.» Die andere Stimme meinte: «Verschiebe nie was auf morgen, denn du weisst nicht, ob es ein Morgen gibt.» Ich hörte auf die letztere Stimme und plante ein Treffen mit Patentante, Patenonkel sowie mit meinen Eltern. In grosser Vorfreude suchte ich ein gehobenes Restaurant heraus und buchte auch ein Hotelzimmer, da mich über 220 km von ihnen trennten und ich eine Weile zu fahren hatte. Ich spürte eine grosse Dankbarkeit für all das, was meine Patentante, mein Patenonkel und natürlich auch meine Eltern bis zu diesem Tag für mich getan hatten. Natürlich war das alles eigentlich viel zu teuer, aber es war an der Zeit, allen einmal DANKE zu sagen. Ich wollte uns einfach einen schönen Tag bereiten und einen ganz gewöhnlichen Montag zu einem Sonntag machen. Und das wurde er dann auch: Wir verbrachten wunderschöne Stunden zusammen, wir lachten und stiessen immer wieder mit einem «Herrgöttchen» (Bier) an. Ich wusste schon, während wir noch so zusammensassen, dass ich von diesem Treffen lange zehren würde. Eigentlich mache ich immer und überall Erinnerungsfotos – dieses Mal nicht. Irgendetwas hielt mich zurück. Was es war, kann ich nicht sagen. Ich erinnere mich noch genau, wie ich zu mir gesagt habe: «Nein, ich mache keine Fotos, und auch wenn es heute das letzte Mal wäre, diese Bilder werde ich niemals vergessen. Sie sind in meinem Gedächtnis, sie sind in meinem Herzen abgespeichert – für immer.» Als ich am Abend in meinem Hotelzimmer war, schrieben mir meine Patentante und mein

Patenonkel eine SMS und bedankten sich nochmals ganz herzlich für den schönen Tag. Ich legte mich zufrieden ins Bett. Am nächsten Morgen in der Früh erhielt ich einen Telefonanruf. Sie ahnen wahrscheinlich, was kommen wird: Mein Patenonkel ist in dieser Nacht völlig unerwartet verstorben. Zwölf Stunden, nachdem wir uns verabschiedet hatten. Was meinen Sie, was ich mir für Vorwürfe gemacht hätte, wenn ich auf diesen Tag verzichtet und mir dieses unbedeutende Geld gespart hätte, statt ihn noch einmal zu sehen?

Was denken Sie, welchen Wert für mich dieser Tag und welchen Wert dieses Foto in meinem Herzen hat? Beides ist unbezahlbar. Ich war unendlich traurig auf der einen Seite und unendlich dankbar auf der anderen Seite. Dankbar dafür, dass ich die Chance, Danke und «Adieu» zu sagen, hatte. Bestimmt überlegen Sie sich jetzt in diesem Moment, welcher Besuch bei Ihnen demnächst ansteht. Ich ermutige Sie – verschieben Sie ihn nicht auf morgen, denn Sie wissen nicht, ob es dieses Morgen noch gibt.

Wichtig ist, dass Sie – in einem ersten Schritt – Ihre grossen Steine für sich definieren, wenn Sie das noch nicht getan haben. Denn am Ende unseres Lebens, wenn wir zurückblicken, wird keiner von uns sagen: «Ach, hätte ich doch nur mehr geputzt/gearbeitet/ferngesehen.» Also, was sind Ihre zehn wichtigsten Dinge, die Sie im Leben noch machen möchten? Das können kleine Dinge sein, die Sie immer wieder aufgeschoben oder mittlerweile schon so weit weggeschoben haben, dass Sie sich gar nicht mehr richtig daran erinnern. Im zweiten Schritt nehmen Sie eine Gewichtung vor und versuchen das Ganze für sich in eine Reihenfolge zu bringen.

Das fällt nicht immer allen leicht. Denn meistens gibt uns nämlich das Leben die Ziele vor: Schulabschluss, Seepferdchen, Matura/Abitur, Studium und im Beruf dann häufig Zahlen, die erreicht werden sollen. Sich selbst ein Ziel zu formulieren, ist für viele ungewohnt, aber es lohnt sich. Der dritte Schritt bestünde dann darin, zu überlegen: Wie passen meine Ziele mit denen des Unternehmens zusammen? Gibt es da (Werte-)Konflikte? Oder blockieren sich diese Ziele gegenseitig?

Machen Sie sich also bewusst, dass jeder Bereich in Ihrem Leben, der Ihnen wichtig ist, eine Daseinsberechtigung hat. Vergegenwärtigen Sie sich, wofür Sie sich entscheiden, und bitte auch, für was Sie sich im Gegenzug ganz bewusst nicht entscheiden.

Auf einfühlsame Art und Weise zeigt der Film «Das Beste kommt zum Schluss» von Rob Reiner, mit Jack Nicholson und Morgan Freeman, wie die Protagonisten eine sogenannte «Bucket List» abarbeiten. Eine Liste mit Dingen, die sie noch erledigen oder gemacht haben wollen, bevor sie den «Löffel abgeben». Falls Sie den Film nicht kennen, nicht schlimm, hier kommt eine kurze Inhaltsbeschreibung:

Zufällig liegen der Milliardär Edward Cole und der Mechaniker Carter Chambers zusammen im selben Zimmer im Krankenhaus. Hier sollen sie also ihre letzten Tage verbringen. Unterschiedlicher könnten die beiden Männer kaum sein – trotzdem haben sie gemeinsam, dass sie die Zeit, die ihnen noch bleibt, sinnvoll nutzen wollen: Sie wollen herausfinden, wer sie eigentlich sind, um Frieden mit sich selbst schliessen zu können. Zwischen den beiden entwickelt sich auf der Suche nach ihrer Lebensfreude eine Freundschaft und sie lernen, das Leben in vollen Zügen zu geniessen.

Was steht auf Ihrer Bucket List? Und was hält Sie zurück, diese «abzuarbeiten»?

Das Thema hinter dem Thema

In meinen Veranstaltungen stelle ich immer wieder die eine Frage: «Was ist das Thema hinter dem Thema?» Wenn jemand entdeckt, dass er sein Leben mit kleinen Steinen und Sand füllt, dann ist das eine Tatsache, aber was ist die Ursache dafür? Genau das versucht die Frage nach dem Thema hinter dem Thema ans Licht zu bringen. Manche füllen ihr Leben mit eher unwichtigen Dingen, weil sie sich nicht entscheiden können. Oder liegt es vielleicht nur daran, dass man einfach auch keine Lust auf die Verbindlichkeit hat, die an den grossen Steinen hängt? Oder noch mal anders gefragt: Welchen grossen Fragen und Themen wollen wir eigentlich aus dem Weg gehen, wenn wir uns mit Sand beschäftigen? Und das verstehe ich sehr gut, denn sich zu entscheiden braucht Mut. Warum? Weil eine Entscheidung stets zwei Seiten hat. Auf der einen Seite entscheiden wir uns für etwas, während wir uns gleichzeitig gegen etwas entscheiden. Beispielsweise im Restaurant: Wenn wir uns für Tiramisu als Nachspeise entscheiden, entscheiden wir uns gegen Panna cotta. Weshalb ist es einfacher, sich mit dem Kontext, im Sinne von Nebenumständen, auseinanderzusetzen statt mit den Zielen?

Gerade im Teamsetting erlebe ich oft, dass die Versuchung gross ist, über den Kontext zu sprechen, und dies am liebsten sehr ausführlich. Meine Frage ist dann oft: «Über was würden wir denn jetzt sprechen, wenn wir nicht über diesen Kontext sprechen würden?» Oder anders gefragt: «Für welches Thema steht diese Kontextdiskussion stellvertretend?» Oder eben: «Was ist das Thema hinter dem Thema? Welches Thema verbirgt sich dahinter? Um was genau geht es ganz konkret?»

Nur, häufig sind wir uns über diese beiden Seiten – Pro und Contra – gar nicht so wirklich im Klaren. Wir lassen uns recht oft durchs Leben treiben und sehen nicht, wogegen wir uns entscheiden, wenn wir uns für etwas entscheiden. Denn: Auch keine Entscheidung zu treffen ist eine Entscheidung, z. B. ein Ja dazu, dass es so weiterlaufen soll, wie es läuft, oder ein Ja dazu, dass jemand oder etwas für mich die Entscheidung treffen soll. Es gibt sehr viele jüngere Führungskräfte, die sich für Führung entscheiden, sich anfangs aber gar nicht dessen bewusst sind, dass das Nähe zum Chef und Distanz zu den Kollegen bedeutet. Denn eine Führungskraft sein bedeutet nun einmal, nicht mehr nur einer unter vielen zu sein.

Ein Chef kann schlecht mit seinen Mitarbeitern auf Kneipentour gehen. Dies würde seine Autorität untergraben. Der Drang nach Autorität und das Bedürfnis nach Harmonie stehen sich meistens im Wege. Auch Chefs wollen irgendwie dazugehören und auch ein wenig so sein wie die anderen – cool eben. Auf der anderen Seite jedoch wollen sie im Beruf weiterkommen. Aber es ist eben auch heute noch so, dass derjenige, der nicht auffällt, auch nur selten weiterkommt. Es wird keiner an unsere Tür klopfen und sagen: «Ich will dich», wenn wir kein Profil zeigen und nur so sind wie alle anderen oder nicht in der Lage sind, Stellung zu beziehen und uns durchzusetzen. Als Führungskraft ist es nicht unsere Aufgabe, mit unseren Kollegen gut Freund zu sein, sondern das Unternehmen weiterzubringen.

1.3 Sicheres Baukonzept

Bloss nicht auf Stroh bauen

In unseren Breiten erleben wir zwar auch Stürme, auch sehr heftige Stürme, aber eigentlich keine Tornados. Trotzdem haben wir alle schon mal gesehen, wie das aussieht, wenn ein Tornado sich anbahnt, aber vor allem, wie das Gebiet aussieht, über das er hinweggefegt ist: katastrophal. Kein Stein mehr auf dem anderen. Dächer, Zäune, Möbel in tausend Stücke zerlegt und über eine riesige Fläche verteilt. Häuser, in denen Menschen ein Zuhause – *ihr* Zuhause – hatten, sind innerhalb von 10 bis 20 Minuten zerstört. Komplett.

Erinnern Sie sich an das Märchen «Die drei kleinen Schweinchen»? Das erste Schweinchen baute sich ein Haus aus Stroh, das zweite eines aus Holz, das dritte verwendete Ziegelsteine. Als der Wolf kam und sagte: «Ich werde strampeln und trampeln, ich werde husten und prusten und dir dein Haus zusammenpusten», klappte erst das Strohhaus zusammen, danach das aus Holz. Und das aus Ziegelstein? Hielt stand. Um die Geschichte zu Ende zu führen: Der Wolf versuchte es durch den Schornstein des Ziegelsteinhauses und landete im Feuer – das brutale Ende braucht die Gattung Märchen ja, aber darauf will ich hier gar nicht hinaus.

Aus was haben Sie Ihr Haus gebaut? Aus Stroh? Aus Holz? Oder aus Ziegelstein? Oder tragen Sie wie die Schnecke Ihr Haus auf dem Rücken? Ist Ihr Haus wie ein Zelt oder Iglu? Egal, welche Vorlieben Sie haben, die Frage, die Sie sich aber stellen sollten, lautet: Sind Sie dafür gewappnet, wenn der Wolf/Tornado kommt?

Wenn eine Krise um die Ecke kommt?

Was ist eigentlich für einen Mann schon eine «Krise»? Hier beginnt das Rätselraten, denn dem allgemein vorherrschenden gesellschaftlichen Bild von einem Mann entspricht es nicht gerade, dass er überhaupt eine Krise haben könnte. Nein, er ist stark. Wenn Sie mich fragen, sind Männer aber auch nur stark, weil sie meinen, es sein zu müssen. «Wann ist ein Mann ein Mann?» – ein Song von Herbert Grönemeyer, der genau dieses Problem verdeutlicht. Denn viele Menschen denken: «Nur wer stark ist, ist auch ein richtiger Mann.» «Jungen weinen nicht» ist nur einer der Glaubenssätze, die viele Manager in sich tragen. Oder: «Erst die Arbeit, dann das Vergnügen.» Glaubenssätze erwerben wir im Laufe unserer persönlichen Entwicklung, und sie werden schon in früher Kindheit in uns grundgelegt.

Diese Vorstellungen, die schon im Kindesalter an Jungen herangetragen werden, führen im Erwachsenenalter dazu, dass viele Männer den Zugang zu sich selbst und zu den eigenen Emotionen komplett verloren haben. Kommt es zu Ehekrisen, dann sieht es oft so aus: Statt zu reden oder auch mal zu schreien, zu weinen oder wütend die Zeitung durch die Gegend zu werfen, schauen sie wie unbeteiligte Figuren ihrer Ehefrau nach, wenn diese aus dem trauten Heim auszieht. Statt ihre Söhne und Töchter in den Arm zu nehmen oder mit ihnen zu spielen, bringen sie Geschenke mit. Das Wort «Zeit» ersetzen sie durch «Geld» und das Wort «Leben» durch «Müssen». Viele Männer verharren in einer Art Ohnmacht und schaffen es nicht, die Notbremse zu ziehen, wenn sie merken, dass ihr Leben in falschen Bahnen verläuft.

Wie ungerührte Beobachter, die nichts spüren, sind diese Männer, die einfach nur funktionieren, nicht zu viel über sich nachdenken und bedingungslos weitermachen, auch wenn sie dabei immer wieder gegen die gleiche geschlossene Tür laufen. Mit ihren Emotionen und Gefühlen gehen sie rational und kopflastig um und versuchen selbst im grössten Chaos alles nur über den Verstand zu lösen.

Und was bei ihnen gar nicht geht: Schmerzen zulassen, Fehler eingestehen oder einfach mal den Emotionen freien Lauf lassen.

Unternehmen in Krisen dagegen zeigen unmissverständlich, wenn es bei ihnen nicht läuft und die Zahlen nicht mehr stimmen: Budgets, Boni und Spesen werden gekürzt, Mitarbeitende werden entlassen und der dadurch steigende Druck wird an den Rest der Belegschaft weitergegeben. Und genau ein solches Krisen-Frühwarnsystem besitzen auch wir Menschen. Denn wer nicht mehr richtig schläft, ständig gereizt ist, sich gestresst fühlt und nicht mehr weiss, wann er das letzte Mal wirklich glücklich war, bei dem leuchtet das Alarmlämpchen orange oder sogar schon rot und der sollte mal etwas genauer hinschauen.

Was bedeutet Stabilität?

Ich war zweimal in Hongkong und habe dort neben vielem anderen vor allem die riesigen Baugerüste aus Bambus bestaunt. Als ich diese zum ersten Mal gesehen habe, habe ich mich gefragt: Kann Bambus das wirklich aushalten? Wahnsinnig! Dieses Bild ist mir bis heute nicht aus dem Kopf gegangen. Aber es ist klar, Bambus hat auf jeden Fall seine Vorteile im Vergleich zu unseren Stahlgerüsten: Er bleibt flexibel und beweglich. Wer solch eine Art Stabilität für sich in seinem eigenen Leben erreicht, das heisst, wer beweglich und flexibel mit Krisen umzugehen lernt, gewinnt eine ganz andere Art von Gelassenheit.

Dieses Wort Gelassenheit hat in Bezug auf die persönliche Krise einen tiefen Sinn: «Wenn ich jetzt gelassener wäre, was würde das für diese Situation/für mich/für mein Umfeld bedeuten?», «Was könnte Neues entstehen?», «Was würde wegfallen und/oder sich verabschieden?» Diese und ähnliche Fragen können die eigene Haltung zu belastenden Situationen vollkommen verändern. Wer also einen Hauch Flexibilität im Denken zulässt, wird eventuell gar nicht so lange in seiner Krisenstarre verharren – denn er gewinnt Stabilität durch Flexibilität.

Check-up
Lieber Leser: Ich lade Sie ein, einmal folgende Überlegung anzustellen: Was werden Sie, nachdem Sie nun dieses Kapitel gelesen haben, künftig anders machen, und zwar ganz konkret? Und woran wird Ihr Umfeld diese Veränderung bei Ihnen erkennen? Was wollen Sie bewirken? Wie wird sich das auswirken?

Schreiben Sie noch heute Ihre ganz persönliche Bucket List handschriftlich nieder. Fragen Sie sich: Wen weihe ich ein? Sie können diese Bucket List auch in einen Briefumschlag stecken und an einen guten Freund verschicken, mit der Bitte, er möge Ihnen diesen in zwei Jahren wieder zusenden.

KAPITEL 2
FUNDAMENT

Die Geburt des eigenen Kindes soll einer der schönsten Tage unseres Lebens sein. Auch wenn in den meisten Fällen «alles gutgeht», die Kinder gesund und munter zur Welt kommen, gibt es doch immer wieder Geburten, die überhaupt nicht so ablaufen, wie sich die Eltern das vorgestellt und alle Freunde und Verwandten es ihnen gewünscht haben. So auch in dieser Erfolgsstory eines wirklich bemerkenswerten Mannes.

Bei seiner Geburt wurde offensichtlich, dass er weder Arme noch Beine hatte. Die Eltern sind geschockt, tief betroffen, traurig und besorgt. Doch sie rappeln sich wieder auf und setzen sich ein Ziel: Ihr Sohn soll so unabhängig wie nur möglich leben können.

Dabei behilflich sind ihm zwei kleine Zehen seines linken Fusses, mit denen er sich feinmotorische Fähigkeiten wie Schreiben, Schlagzeugspielen und Telefonieren aneignet. Doch egal, wie viel Mühe er sich gibt, es ist offensichtlich, dass er anders ist. Er wird aufgrund seiner Andersartigkeit in der Schule gehänselt und verspottet, sodass er sich eines Tages entscheidet, sich das Leben zu nehmen. Also schliesst er sich im Badezimmer ein, um sich in der Badewanne zu ertränken. Im Badezimmer sitzend denkt er jedoch an seine Eltern und daran, wie viel Leid er ihnen zufügen würde. Dass er war, wo er war, verdankte er ihnen, und sie waren immer an seiner Seite, um ihn zu unterstützen. Er bringt es nicht übers Herz, verlässt das Badezimmer und stellt sich dem Leben.

Dieser sehr schwache Moment markiert einen Wendepunkt in seinem Leben, es war eine Situation, die ihn wachsen und reifen liess. Statt sich dem Urteil anderer zu fügen, beginnt er, selbst zum Vorbild zu werden. Das Leben setzt ihm Grenzen? Er pfeift darauf und zeigt, dass sein Handicap eigentlich gar keines ist. Heute ist Nick Vujicic einer der grössten Motivationsredner der Welt und zeigt seinen Zuhörern, wie sie ihre Potenziale nutzen können, um ihre Träume zu verwirklichen.

2.1 Was das Fass zum Auslaufen brachte

Körperstatik und Fundament

Was passiert eigentlich, wenn uns das genommen wird, was wir ganz dringend zu brauchen meinen? Was wäre, wenn wir unsere Arme und Beine verlören? Welche Auswirkungen hätte das auf unser Fundament und die Statik unseres Körpers?

Hatten Sie schon mal einen Hexenschuss? Gebückt und nicht mehr hochgekommen? Unfassbare Schmerzen in jeder Körperhaltung? Es ist nicht vergleichbar damit, Arme oder Beine zu verlieren, doch wir vergessen oft, was wir unserer Körperstatik jeden Tag antun. Täglich trägt unsere Wirbelsäule unsere Last mit, und wenn wir einen Hexenschuss oder andere Probleme im Rücken haben, zeigt sie uns die rote Karte. Auf einmal geht gar nichts mehr, und zwar von jetzt auf gleich. Wenn wir uns den Arm gebrochen haben, haben wir zumindest noch den anderen, und mit diesem können wir, wenn auch eingeschränkt, zumindest noch gewisse Dinge erledigen. Unser Rücken allerdings legt uns flach.

Ich weiss, wovon ich spreche. An der einen Bandscheibe wurde ich schon in jungen Jahren operiert, die andere verhält sich noch einigermassen ruhig, vorausgesetzt ich schenke meinem Körper genügend Bewegung. In akuten Phasen allerdings – und die kamen mehrmals im Laufe der Jahre – liege ich über Wochen flach. In dieser Zeit ist nicht dran zu denken, sich selber Strümpfe anzuziehen oder sich im Bett drehen zu können. Wenn ich mich zurückerinnere, waren das für mich echte Krisen. Diese Gesundheitskrisen begleiteten mich zehn Jahre lang, bis ich mich beruflich umorientierte und den Beruf der medizinisch-technischen Laborantin an den Nagel hängte. Das ständige Stehen an den Laborgeräten und die damit verbundenen einseitigen Drehbewegungen des Oberkörpers waren ungünstig für meinen Rücken. In diesen Jahren habe ich mich viel mit meinem Leben, meiner Identität, meinen Werten auseinandergesetzt. Intensiv war es, als ich mit 27 für sieben Monate krankgeschrieben war. Erst über Monate Therapie – Liegen – Therapie – Liegen, bis schliesslich die OP wegen Lähmungserscheinungen unumgänglich wurde. Und danach noch mal monatelang auskurieren. In dieser Zeit habe ich mein erstes und bisher einziges Testament geschrieben und auch einige Bücher von Elisabeth Kübler-Ross zum Thema «Umgang mit dem Tod» gelesen. Hätte ich diese tiefgehenden Zwiegespräche mit mir selbst auch ohne diese Krise geführt? Nein, mit Sicherheit nicht.

Es war auch eine Zeit, in der ich überprüfte, welche Karrierewege mir noch offenstanden. Ich liebäugelte mit der Schauspielschule. Angeblich war ich aber dafür schon zu alt. Nun lebe ich diesen Traum halt in einem Theaterverein und wirke als Laienschauspielerin in verschiedensten Theaterrollen mit. Später schlug ich den Weg ins Marketing ein und übernahm auch da Rollen – Management-Rollen. Darauf komme ich aber erst weiter unten noch etwas genauer zu sprechen.

Als ich zur Schule ging, hatte ich noch eine Schulmappe, die an einer Schulter schwer herunterhing. Heute tragen die Schüler Rucksäcke, die das Gewicht von Heften und Büchern gleichmässig auf dem Rücken verteilen. Ein Umdenken hat diesbezüglich also stattgefunden, und das mit Recht. Denn auf unsere Statik zu achten ist eine grosse Aufgabe unseres Lebens. Und jede Statik braucht ein entsprechendes Fundament.

Dazu möchte ich Ihnen den Unterschied etwas genauer erklären: Bei einem Haus beschreibt die Statik diejenigen Kräfte, die dazu führen, dass das Haus nicht einstürzt. Das Fundament dagegen ist die wirkliche Basis, der Grund, auf dem wir bauen. In gewissem Sinne ist es auch eine Quelle, aus der wir Energie schöpfen, ein Ursprung, eine Grundlage. Es ist sehr wichtig, sich immer wieder auf diese Basis zurückzubesinnen. Wie kommt es beispielsweise, dass wir heute noch Burgen, Schlösser und Festungen bestaunen können?

Wie haben sie über all die Jahre und trotz der ganzen Kriege den zahllosen Widrigkeiten standgehalten? Worin unterscheiden sie sich von den vielen Dörfern, die bei einem Erdbeben zusammenfallen wie Kartenhäuser?

Übertragen auf unser Leben beinhaltet das Fundament das, was uns wichtig ist. Es sind die fundamentalen Werte, die uns tragen. Wenn Sie an Ihr (Lebens-)Haus denken, auf welchen fundamentalen Werten ist es aufgebaut? Welches sind Ihre grundlegenden Werte, die Ihnen wirklich wichtig sind? Sind es noch dieselben wie diejenigen, als Sie 18, 32, 48 oder 64 waren? Wahrscheinlich nicht. Mit 18 Jahren zählten für Sie möglicherweise Werte wie «Freiheit» und «Unabhängigkeit» und mit 32 Jahren wurden diese dann vielleicht von Werten wie «Familie» und «Erfolg» abgelöst. Wenn «Familie» und «Erfolg» wirklich zu Ihren fundamentalen Werten gehören, was denken Sie dann über folgende Zeilen?

Das Meeting war bis 17 Uhr geplant. Jetzt ist es 18 Uhr und der Leiter des Meetings fragt in die Runde: Gibt es noch Mitteilungen oder Anmerkungen von Ihrer Seite? Kollege Meier holt tief Luft – und das bedeutet: Es ist noch lange nicht zu Ende. Die Bahn, die Sie nehmen wollten, haben Sie schon wieder verpasst. Sie wissen, dass Ihre Frau bereits wartet. Vielleicht hat sie Ihr Lieblingsessen gekocht? Sie wissen, dass Ihre Kinder im Bett sein werden, wenn Sie schlussendlich zu Hause ankommen. Wieder einmal wird Ihre Partnerin nicht erfreut sein. Das, was Sie eigentlich heute Abend noch klären, regeln und erledigen wollten, wird heute alles andere als geklärt, geregelt oder erledigt. Im Gegenteil, es bringt das Fass zum Überlaufen. Sind Sie gestresst? Frustriert? Würden Sie jetzt lieber irgendwo anders hinfahren, statt sich zu Hause den Blicken und den Worten Ihrer Partnerin auszusetzen? Oder hätten Sie am liebsten alles ganz anders?

Wenn Sie heute an Ihre Werte denken, denken Sie da nur kurzfristig von heute auf morgen oder haben Sie eine Vision, einen Leuchtstern oder einen Kompass, der auch darüber hinausweist? Und wenn Sie Ihr (Lebens-)Haus verändern möchten, würden Sie es dann am liebsten gleich ganz abreissen und etwas komplett Neues aufbauen? Oder würde auch eine einfache Sanierung genügen? Ein Umbau? Eine Renovierung?

Fragen Sie sich selbst:
» Was ist mir wirklich wichtig im Leben?
» Welches sind meine fundamentalen Werte?

Ich möchte duschen, aber nicht nass werden

Die meisten Manager, die zu mir kommen, wollen eigentlich nur eine einfache Sanierung – aus Angst vor dem, was noch hochkommen könnte. Oft höre ich in den Vorgesprächen: «Ich würde gern in die Beratung kommen, aber wir dürfen nicht über meine Biografie sprechen», oder: «Ich komme nur, wenn ich nicht weinen muss». Das kann ich versuchen zu beeinflussen, aber eigentlich nicht bestimmen. Emotionen lassen sich nicht einfach per Knopfdruck ausschalten. Hilfreich kann für den Klienten sein, der Frage nachzugehen, was denn so bedrohlich sein könnte. Aus diesen Überlegungen heraus werden dann gemeinsam Spielregeln für die Zusammenarbeit definiert. Mir ist es wichtig, meinen Klienten mit einer respektvollen inneren Haltung auf gleicher Augenhöhe zu begegnen. Das fördert eine Vertrauenskultur im Setting. Wenn der Klient weiss, dass stopp auch stopp heisst, beruhigt ihn das.

Das ist ähnlich wie im Judo. In jungen Jahren habe ich diesen Kampfsport betrieben und stellte später dann fest, dass es da eine Parallele zum Coaching gibt. Durch Abklopfen mit der Hand oder dem Fuss auf die Matte bzw. den Partner oder durch den Ausruf «Maitta» («Ich gebe auf») signalisiert man, dass man sich nicht mehr bewegen kann, und der Gegner lässt unmittelbar los. Genauso ist es auch im Coaching. Sagt der Klient verbal oder nonverbal stopp, wird das respektiert.

Ausserdem wende ich gerne zwei Regeln an, angelehnt an die Regeln von Open Space (Grossgruppenmoderation). Die eine heisst «Vorbei ist vorbei» – und damit ist für mich gemeint, dass das, was gesagt oder getan wurde, deshalb gesagt oder getan wurde, weil das entsprechende Thema mit Energie aufgeladen war. Es gibt viele Menschen, die im Nachhinein darüber grübeln, warum sie etwas gesagt oder getan haben und es vielleicht doch besser hätten nicht sagen oder anders machen sollen. Aber vorbei ist vorbei. Es lohnt sich nicht, so viel Energie für etwas aufzuwenden, das wir nicht mehr ändern können.

Die zweite Regel hängt eng mit der ersten zusammen: «Wann immer es kommt, es kommt gerade richtig – heissen wir es doch herzlich willkommen.» Dies bedeutet, dass ein Thema entweder mit positiver oder negativer Energie aufgeladen ist und direkt etwas mit der eigenen Person zu tun hat. Viele Menschen grämen sich und fragen: «Warum gerade jetzt?», «Warum ich?» Auch hier können wir die Situation für uns persönlich nur dann ändern, wenn wir sie annehmen, denn nur so können wir auch mit ihr umgehen. Immer wieder stimmt es meine Seminarteilnehmenden, Coachees und Supervisanden nachdenklich, wenn ihnen bewusst wird, dass wir im Leben nicht nur für das, was wir sagen und tun, die Verantwortung tragen, sondern auch für das, was wir nicht sagen und bewusst zurückhalten.

Als systemischer Coach schaue ich mir die Zusammenhänge der verschiedenen Kontexte und wie diese sich gegenseitig beeinflussen an. Beispielsweise ist eine Resignation wesentlich komplexer als nur die Aussage: «Auf der Arbeit läuft es nicht so gut.» Daher versuche ich gemeinsam mit dem Klienten, die Zusammenhänge und die Hebelwirkungen sichtbar zu machen, mit dem Ziel, die Komplexität zu reduzieren. Dabei schaue ich nur so weit in die Vergangenheit zurück wie nötig und natürlich nur so weit, wie es für den Coachee in Ordnung ist.

Reorganisationen, Restrukturierungen, Fusionen usw. haben oft auch die Auswirkung, dass Männer in Management-Positionen nach 25 Jahren oder mehr ein Unternehmen verlassen müssen – obwohl sie es nicht wollen. Sie haben sich in ihrer Firma immer wohlgefühlt und sich deshalb auch noch nie Gedanken darüber gemacht, dass das einmal passieren könnte. Dieser Changeprozess bringt sie an ihre Grenzen. Sie kennen oft nicht mal ihren eigenen Marktwert, haben seit Jahren keine Bewerbung mehr geschrieben und wissen mitunter gar nicht, wie das geht. Im schlechtesten Fall verfügen sie schon längst nicht mehr über alle Zeugnisse. Für viele stürzt da – völlig nachvollziehbar – eine Welt zusammen. Und die Vorstellung, dass sie sich nun proaktiv verkaufen und ihre ausgewiesenen Erfolge sichtbar machen müssen, macht für sie die Situation auch nicht einfacher. Jahrelang haben die Manager Produkte und Dienstleistungen verkauft und diese im Markt positioniert. Nun geht es darum, ihre eigenen «Produktvorteile» hervorzuheben, den eigenen Nutzen argumentativ herauszustellen und sich mit möglichen Einwänden auseinanderzusetzen: «Sie sind zu teuer», «Sie sind zu erfahren», «Sie haben zu wenig Erfahrung auf Konzernebene», «... zu wenig Sprachkenntnisse» usw. Es kommt zu Momenten, in denen sie sich sagen: «Ich hätte vielleicht doch noch eine zweite Fremdsprache lernen sollen», oder: «Hätte ich doch nur darauf bestanden, die Budgetverantwortung in Millionenhöhe im letzten Arbeitszeugnis einzufordern», oder oder oder. Wie auch immer – wenn Sie sich in dieser Situation wirklich auf etwas fokussieren wollen, dann bitte nicht auf das halbleere, sondern auf das halbvolle Glas.

An diesem Punkt ist erst mal Containing gefragt. Dies bedeutet, dass ich mich als Coach in gewisser Weise als Container zur Verfügung stelle, um die kaum aushaltbare und nicht in Sprache fassbare Situation des emotional sehr belasteten Klienten aufzufangen. Anschliessend bedarf es der Klärungsarbeit: Welches sind die Faktoren, die zur Situation der Firma und der des Klienten beigetragen haben? Weshalb hat sich der Geschäftsverlauf so entwickelt? Weshalb wurde gekündigt? Durch Perspektivenwechsel, d. h. durch bewusstes Sich-Hineinversetzen in die Lage des CEOs, des Konzernchefs, Verwaltungsrats oder Stiftungsrats ergibt sich die Chance, deren Sichtweise zu verstehen, einzusehen und schlussendlich auch anzunehmen und damit umzugehen. Es gibt der ganzen Situation mehr Sinn und hilft, Verständnis aufzubauen, positiv in die

Zukunft zu blicken und aktiv nach neuen Wegen zu suchen. Das ist oft auch der Moment, wo meine Klienten erkennen, dass es womöglich gar nicht um ihre Person geht und sie nicht krampfhaft versuchen müssen, eine Rolle zu spielen. Es ist der Moment, wo ihre Masken fallen und sie so sein dürfen, wie sie sind – mit allen Emotionen.

Dann sprechen wir, wenn auch vielleicht nicht schon beim ersten, aber sehr wahrscheinlich dann beim zweiten oder dritten Termin, auch über Persönliches, die Biografie, über Vergangenheit, Gegenwart und Zukunft. Die unterschiedlichen Systeme wie z. B. das familiäre Herkunftssystem, das Partnerschaftssystem und das Arbeitsbeziehungssystem sind miteinander eng verzahnt und lassen sich so gut wie gar nicht isoliert betrachten. Wenn meine Klienten dann doch bereit sind, über sich zu sprechen, spürt man förmlich, wie Energie frei wird, so als ob sich ein Ventil öffnete und der aufgebaute Druck entwiche. Am Ende sind sie immer froh, dass sie genau das zugelassen haben, und sie erkennen, dass das Sprechen über Persönliches nichts Bedrohliches an sich hat, sondern vielmehr befreiend sein kann. Nicht selten gewinnen sie an Selbstvertrauen und ihre Motivation steigt. Sie werden in den Coachingsitzungen mutiger und lassen auch Humor und Kreativität zu. Dann z. B., wenn sie über ihre Person einen Werbespot produzieren oder eine Gebrauchsanweisung schreiben sollen, als Einstimmung auf die kommenden Vorstellungsgespräche. Und auf einmal wird es zu einem Kinderspiel, sich und seine Fähigkeiten für die nächste Kaderstelle ins richtige Licht zu rücken.

Dass sie die für sie neue und ungewohnte Situation nicht zu nah an sich heranlassen wollen, verstehe ich. Schliesslich mussten sie jeden Tag in ihrem Unternehmen Höchstleistung bringen und immer nur Kompetenz und Durchsetzungsvermögen ausstrahlen, und wenn nun plötzlich über alte Verletzungen oder Kränkungen gesprochen wird, öffnen sich Wunden, die bislang immer nur im Verborgenen schwelten. Weshalb aber macht es trotzdem Sinn, sich die eigene Lage ganzheitlich bewusst zu machen? Weshalb ist das so wichtig? Nur dadurch wird es möglich, sich die eigenen Stärken, aber vor allem auch die eigenen Grenzen vor Augen zu führen und so auch ein Bewusstsein dafür zu gewinnen, was ich wirklich will und was nicht.

Wo ist die Abfahrt bitte?

Am Anfang einer Krise, wenn wir am Boden liegen, haben wir einen Notstand. Wir sind orientierungslos und haben unsere Ziele und Visionen aus den Augen verloren. Wir wissen nicht mehr, was wir wollen, noch wohin wir wollen. Es ist, als wäre man morgens in der Rushhour mit dem Auto in einem mehrspurigen Kreisel unterwegs. Man wird links und rechts überholt und weiss gar nicht, wann wer Vorfahrt hat und wo die Abfahrt kommt. Man ist unsicher, wann es die Spur zu wechseln gilt und ob der Sprit auch reichen wird. In diesem Fall würde man dann auch noch die anderen Verkehrsteilnehmenden blockieren, die alle bestimmt wichtige Termine haben. Allein schon der Gedanke daran lässt einem schwarz vor Augen werden. Man hört sie alle schon auf die Hupe drücken und rufen: «Räumen Sie das Feld!»

Wo, lieber Leser, sehen Sie darin eine Parallele zu Ihrem Leben? Was hätte die Rushhour sinnbildlich für eine Bedeutung? Vielleicht die vielen *Tasks*, die Sie haben, mit all den verbindlichen Terminen und ihren Zwängen? Und links und rechts überholt zu werden könnte all jene Draufgänger meinen, die Ihnen rhetorisch um einiges überlegen sind. Und was der Sprit bedeutet, haben Sie für sich bestimmt längst schon beantwortet. Was es jetzt in dieser Krisensituation braucht, ist eine Vogelperspektive. Wenn man das Bild des Kreisels mit all den Verkehrsteilnehmenden von oben betrachtet, eröffnen sich plötzlich mehr Handlungsmöglichkeiten. Versuchen Sie doch mal, wenn Sie das nächste Mal mit Ihren Kindern, Enkelkindern, Nichten und Neffen mit Spielzeugautos spielen, das zu simulieren. Von oben sehen Sie vielleicht einen Rastplatz, einen Pannenstreifen oder gar den Abschleppdienst.

Mit der Ampelmethode innehalten

Vielleicht befindet sich im Spielzeugset auch eine Ampel. Überlegen Sie doch mal, was diese, bezogen auf Ihr Leben, bedeuten könnte. Rot bedeutet anhalten und innehalten, gelb mahnt zur Vorsicht und grün bedeutet freie Fahrt. Wo in Ihrem privaten und geschäftlichen Leben ist es grün, läuft es sehr gut und haben Sie freie Fahrt? Wo ist es gelb oder droht gar schon rot zu werden? Wo gilt es, die Handbremse zu ziehen oder gar eine Vollbremsung zu machen? Im übertragenen Sinne heisst dies: Wo gilt es (neue) Ziele zu setzen oder Zielkorrekturen vorzunehmen?

Nehmen wir dafür als Beispiel ein Ungleichgewicht zwischen Ihrer Arbeits- und Ihrer Familienzeit. Sie nehmen wahr, dass Sie sich mehr um Ihre Familie kümmern möchten, und setzen sich daraufhin das Ziel, mindestens einen Tag am Wochenende ausschliesslich zur Familienzeit zu erklären. Das kann beispielsweise bedeuten, dass Sie an diesem Tag kein Handy bei sich führen und auch keine E-Mails checken und bearbeiten. Um solche Ziele zu erreichen, wende ich gerne die Kraftfeldanalyse an.

Kraftfeldanalyse (Methode)

Sobald der Klient seine Ziele (neu) formuliert oder umformuliert hat, stellen wir die Teilschritte, die zu diesen Zielen führen, auf dem Boden dar. Wir legen Seile und beschriften Pinnwandkarten mit den Ressourcen und den Stolpersteinen, um die Teilschritte/-ziele visuell darzustellen und sie so einfacher ins konkrete Leben zu holen. Der Klient läuft den Weg dem Seil entlang zu den Zielen ab. Ich begleite ihn auf diesem imaginären Weg. Er fragt sich: Zahlen sich die Teilschritte/-ziele hin auf dem Weg zu meinen Endzielen wirklich aus und lassen sie sich mit meiner Vision in Einklang bringen? Sind es wirklich die zuvor markierten Stolpersteine und Ressourcen, die mir auf diesem Weg begegnen können?

Positiv an unserem Beispiel ist, dass es bereits sehr realitätsnah und damit auch motivierend ist. Ferner findet durch dieses Vorgehen eine Entschleunigung statt, durch die die eigenen Batterien aufgetankt werden können. Ein Teil des alltäglichen Arbeitsballastes kann abgeworfen werden und eine gewisse Leichtigkeit breitet sich aus, in der die Hirnaktivität vom analytischen in den kreativen Bereich wechselt, denn über das eigene Tun muss in diesem Moment keine Rechenschaft abgelegt werden. Kontrolle kann abgegeben werden und die Zeit bekommt einen ganz neuen Stellenwert. Es ist wie in einem Forschungslabor, in dem man Dinge einfach nur erforschen darf.

Herausfordernd für den Manager, der mehr «Familienzeit» anstrebt, könnte die Angst davor sein, etwas im Unternehmen zu verpassen oder in Notsituationen nicht vor Ort zu sein (z. B. bei Maschinenausfall oder vielen Krankheitsfällen usw.), oder er fürchtet sich vielleicht auch einfach nur davor, sich in dieser gewonnenen Familienzeit mit Familienproblemen beschäftigen zu müssen, die dann durchaus hochkommen können.

Solche und ähnliche Überlegungen bieten dem Klienten im Coaching die Gelegenheit, sich imaginär auf diesen realen Prozess vorzubereiten. Wir fragen uns dann auch, welche Kräfte sich auf seine Ziele und seine Vision positiv auswirken und welche eher kontraproduktiv sein könnten, und in einem weiteren Schritt gilt es dann zu klären, was zu tun wäre, um die negativen Kräfte ins Positive zu wenden. Abschließend werden dann Strategien entwickelt, wie der Klient die Stolpersteine aus dem Weg räumen und seine eigenen Ressourcen für den neu anzugehenden Lebensabschnitt nutzen kann.

Wer eine Kraftfeldanalyse macht, wird sich bewusst, dass im Leben nicht immer nur eitler Sonnenschein herrscht, sondern es durchaus auch mal Erdbeben und Tsunamis geben kann. Sie bietet die Gelegenheit, sich eingehender mit dem eigenen Fundament zu beschäftigen und sich zu fragen, ob dieses solchen Herausforderungen auch wirklich standhalten wird. Die Kraftfeldanalyse gibt dem Klienten einen guten Überblick über den Ist-Zustand seiner aktuellen Situation und markiert die ersten Teilschritte hin auf dem Weg zu einem Soll-Zustand. Diese Teilschritte müssen überschaubar und realisierbar bleiben, denn sie sollen dazu motivieren, an den neu gesteckten Zielen dranzubleiben, statt – wie es so oft im Leben der Fall ist – die Flinte vorschnell ins Korn zu werfen. Und natürlich hat der Klient immer auch die Möglichkeit, seine Ziele umzuformulieren und neuen Situationen anzupassen.

Raus aus der Komfortzone

Viele Manager befinden sich tagtäglich in ihrer Komfortzone. Als Menschen sind wir alle Gewohnheitstiere, die sich im Bekannten und Bewährten am wohlsten fühlen. Das tat ich auch, wie ich Ihnen eingangs bereits erzählt habe. Ist ja auch einfach und bequem. Ganz typisch für diese Komfortzone ist, dass hier die täglichen Abläufe bekannt und vorhersehbar sind: Wir kennen alle und alles, wir fühlen uns sicher, wir sind geschützt und uns kann eigentlich gar nichts passieren. Nur, was meinen Sie: Können wir in unserer Komfortzone Neues dazulernen, in einer Situation also, in der unser bisheriges Denken, Fühlen und Handeln immer völlig ausreichend war?

Lernzonenmodell (nach Tom Senninger)

Wer die Komfortzone verlässt, begibt sich in die Lernzone – aber was heisst das? In der Lernzone reicht es eben nicht mehr aus, wenn wir uns auf das berufen, was wir bislang gedacht, gefühlt und getan haben, um den neuen An- und Herausforderungen gerecht zu werden. Das heisst, wer lernen möchte, muss bereit sein, über die Grenzen des Bekannten und Gewohnten hinauszugehen.

Kinder machen solche Erfahrungen tagtäglich. Wenn wir ihnen sagen: «Mach das nicht, du wirst dir wehtun», machen sie es trotzdem. Sie greifen auf die heisse Herdplatte, obwohl die Eltern hundertmal gesagt haben, dass die Platte heiss ist. Warum tun sie es dennoch? Sie wissen nicht, was es heisst, wenn etwas wehtut, sie kennen es ja noch nicht. Lernen hat sehr oft mit Schmerz zu tun, weil es mit dem Infragestellen von bislang Selbstverständlichem und folglich mit Unsicherheit einhergeht. Wir sind in den Momenten, in denen wir lernen, sehr verletzlich, denn wir können jederzeit versagen und Misserfolg erleiden. Wir fühlen uns hilflos und nicht selten auch ohnmächtig.

Wem das alles zu viel wird, der gerät dann schnell in die Panikzone. Hier ist zunächst einmal Schluss mit lernen, denn wir sind ja in Panik, in der es für uns, wie es scheint, ums nackte Überleben geht. Viele haben Bilder von Situationen im Kopf, in denen sie schon einmal in Panik geraten sind, und trauen sich schon deshalb nicht aus ihrer Komfortzone heraus. Doch seien wir einmal ehrlich: Wie hoch ist die Wahrscheinlichkeit, dass sich solche Situationen wiederholen? In der Regel sehr gering.

Haben Sie in letzter Zeit ein Seminar oder eine Weiterbildung besucht? Und haben Sie am Ende des Tages voller Elan Ihre Umsetzungsmassnahmen definiert, weil Sie völlig vom Nutzen dessen überzeugt waren, was Sie gelernt haben? Wie gut aber ist Ihnen dieser Praxistransfer dann tatsächlich gelungen? Ich erlebe nämlich oft in meinen Seminaren und Coachings, dass die Teilnehmenden mit heller Begeisterung sagen: «Das setze ich um», und: «Das nehme ich mir vor». Aber wenn ich sie dann später zufällig wiedersehe und sie frage, wie es ihnen ergangen ist, worauf sie stolz sind und wo sie gestolpert sind, höre ich oft, dass es die ersten Tage wirklich gut geklappt, man dann aber immer weniger daran gedacht habe und in seine alten Muster zurückgefallen sei. Wir Menschen werden einfach magnetisch von unserer Komfortzone angezogen und können uns nur mit sehr viel Disziplin und Aufwand aus ihr herauslösen.

Dabei sind Komfortzonen nicht wirklich immer befriedigend. Lieber Leser, führen Sie sich doch mal eine berufliche und eine private Situation vor Augen, von denen Sie sagen würden, diese seien Ihre ganz persönlichen Komfortzonen. Und nun fragen Sie sich, was das Thema hinter dem Thema ist, das sie veranlasst, genau darin zu verbleiben. Ist es Bequemlichkeit, ist es die Angst vor Veränderungen, sind es die Zweifel daran, das Richtige zu tun – oder was ist es?

Abb. 4: Lernzonenmodell. Eigene Darstellung nach Michl: Lernzonenmodell, S. 40

Ihre Komfortzone muss gar nicht das Beste oder Komfortabelste für Sie sein, ja, sie kann zuweilen auch sehr anstrengend oder sogar schmerzhaft sein. Freilich gibt es viele Situationen und Phasen im Leben, in denen sie durchaus ihre Berechtigung haben kann. In ihr können wir zur Ruhe kommen und einen achtsamen Umgang mit unseren eigenen Kräften und Ressourcen pflegen, um nachher wieder energievoll zu Neuem aufzubrechen, statt uns nur von unseren Gewohnheiten lenken zu lassen. Manchmal genügt es schon, kleine Dinge in unserem Tagesablauf zu verändern, um einen ersten Schritt aus unserer Komfortzone heraus zu tun. Trinken Sie doch mal Tee anstatt Kaffee zum Frühstück oder setzen Sie sich im Meeting an einen anderen Platz als Ihren gewohnten. Da können Sie gleich auch beobachten, wie Ihre Kolleginnen und Kollegen darauf reagieren, denn schliesslich werden dadurch auch sie gezwungen sein, einen anderen Platz einzunehmen. Oder nehmen Sie einfach mal einen anderen Weg zur Arbeit oder statt dem Auto die öffentlichen Verkehrsmittel. Der Phantasie sind hier keine Grenzen gesetzt.

Oder wenn Sie als Führungskraft an Ihren Alltag denken: Gibt es da Themen, die Sie eigentlich längst schon angehen wollten oder müssten und vor denen Sie sich immer wieder gedrückt haben? Wollten Sie nicht schon lange einmal Herrn Meier auf seine mangelnde

Pünktlichkeit ansprechen, aber da heute Montag ist, ist das ziemlich ungünstig? Und mit Herrn Huber über sein Verhalten gegenüber den Kunden sprechen, doch im Moment ist nicht der ideale Zeitpunkt, weil er gute Zahlen schreibt? Und wie sieht es mit Herrn Schmid aus? Er hat zwar Potenzial, doch mangelt es ihm an Führungskompetenz, aber ihn im Moment damit zu konfrontieren wäre unschicklich, wo er sich doch gerade erst von seinem Burn-out erholt hat? Na ja, und die Jahresabschlusskonferenz muss eben warten, weil im Moment das 360-Grad-Feedback läuft, wo die Mitarbeitenden Sie bewerten? Sie werden also zig Gründe finden, damit Sie mit gutem Gewissen in der Komfortzone bleiben dürfen. Die Frage lautet aber auch hier, was wohl das eigentliche Thema hinter dem Thema ist, das Sie davon abhält, endlich das zu tun, was Sie eigentlich immer schon tun wollten.

Lust auf ein Experiment?

Ich möchte Sie zu folgendem Experiment einladen: Räumen Sie doch einfach mal Ihren Badezimmerschrank mit den Handtüchern um. Wenn Ihre Handtücher bisher in der linken Schublade waren, legen Sie diese nun in die rechte. Sie werden erstaunt sein, was es heisst, die vielen Automatismen, die sich in den Alltag eingeschlichen haben, einmal zu unterbrechen, und wie oft Sie Fehlgriffe tätigen, weil Sie blind nach den Handtüchern greifen. Ich finde es sehr spannend, mich selbst immer wieder dabei zu beobachten, wie oft ich die falsche Schublade öffne und wie lange ich brauche, bis ich mich wieder zurechtfinde. Ganz bewusst unterziehe ich mich selbst immer wieder diesem kleinen Change-Prozess. Sie können mir glauben: Natürlich bin ich genervt, wenn ich ständig die verkehrte Schublade aufmache! Und wie!

Klar könnte ich mir diesen Ärger ersparen, indem ich einfach wieder alles zurückräume (und zurückkehre in meine gemütliche Komfortzone), aber diese kleine Veränderung zeigt mir, dass ich mich an Veränderungen gewöhnen und sie annehmen kann. Und weil

Veränderungen jeden Tag auf uns warten, auch wenn wir sie nicht immer wahrhaben wollen, ist dies eine gute Übung, um flexibel zu bleiben. Gerade auch im Berufsalltag.

Ich werde z. B. öfters von Firmen eingeladen, Kommunikationstrainings durchzuführen. Ein Thema, das dabei immer wieder für Aufregung sorgt, ist die Begrüssung im Telefongespräch. Der Auftraggeber wünscht eine einheitliche Begrüssung innerhalb der Firma. Die einen wünschen sich, dass sie zum Namen auch den Vornamen nennen, weil dies eine persönliche Beziehung zum Kunden schaffe, und die anderen fragen, warum sie plötzlich etwas ändern sollen, wo sie sich über all die Jahre immer nur mit dem Firmennamen und dem eigenen Nachnamen gemeldet hätten.

«Müssen wir jetzt wirklich, nachdem wir über viele Jahre ...» ist nur einer dieser Sätze, der dabei als Argument vorgebracht wird. Oft gehen sie aber dennoch einen Deal ein: Ein Pilotprojekt über einen Monat soll gestartet, entsprechende Erfahrungen gesammelt und diese dann ausgewertet werden. Nach diesem Monat steht die Frage nicht mehr im Raum. Die Begrüssung mit zusätzlichem Vornamen hat sich bewährt und wurde folglich eingeführt. Ich empfehle Ihnen, sich in diesem Zusammenhang nochmals das 7-Phasen-Modell der Veränderung auf Seite 25 in Erinnerung zu rufen.

Ziele visualisieren und verankern

Ein weiterer Grund, warum viele nicht an ihren Zielen dranbleiben, ist meiner Meinung nach, dass sie sich nicht vorstellen können, wie es sich anfühlt, wenn sie das Ziel erreicht haben. Mein Tipp ist also genau das: Wenn Sie ein Ziel haben, stellen Sie sich vor, wie es sich anfühlt, wenn Sie es erreicht haben. Was wird dann anders sein? Klar, eine Zieldefinition nach der SMART-Formel ist nützlich, aber doch auch sehr verstandeslastig. Holen Sie Ihr Ziel noch mal auf eine andere Ebene. Gehen Sie nach draussen und fangen Sie mit Ihrem Smartphone ein Bild ein, das für Ihr Ziel steht. Versuchen Sie die positiven Assoziationen, die dieses Bild in Ihnen auslöst, niederzuschreiben. Formulieren Sie Ihr Ziel mit diesen Wörtern, mit denen Sie nun Ihr Ziel assoziieren, neu. Das auf diese Weise positiv aufgeladene Ziel wirkt sich auf Ihre Motivation aus, Sie werden es sehen. Ich gebe Ihnen mal ein Beispiel, wie das aussehen könnte:

1. Schritt: *Ziel formulieren*

«Optimierung meiner Resilienz»: Wie und was kann Sie unterstützen und innerlich motivieren, damit Sie an diesem Ziel dranbleiben und es auch erreichen?

2. Schritt: *Bildauswahl*

Finden Sie ein passendes Bild, das bei Ihnen positive Gedanken und Gefühle zu Ihrem Ziel auslöst. Nehmen Sie Ihr Smartphone und machen Sie sich auf die Suche. Ich z. B. wohne in einem Weinbaugebiet und für mich ist es daher das Bild eines Rebberges.

3. Schritt: *Positive Assoziationen benennen*

Welche positiven Begriffe/Aussagen assoziieren Sie? Bei meinem Bild sind es: ein sonniger Frühlingstag, wärmende Sonnenstrahlen, die Schönheit des Lebens sehen, die Ruhe geniessen, geerdet sein, der Kreislauf der Natur, Werden und Vergehen, Gelassenheit.

4. Schritt: *Ziel intrinsisch umformulieren*

Nehmen Sie nun die Begriffe und Aussagen, die Sie besonders berührt haben, und verknüpfen Sie diese so mit Ihrem anfangs definierten Ziel, dass daraus eine für Sie stimmige Verbindung entsteht. Bei mir heisst das dann folgendermassen: «Ich bin geerdet wie der Rebstock. Meine Wurzeln geben mir Halt und nähren mich. Ich trotze Wind und Wetter. Ich fühle mich rundum geschützt und geborgen.»

5. Schritt: *Anker*

Jetzt haben Sie Ihr Ziel und das entsprechende Bild dazu als Anker verinnerlicht. Ich selbst habe das Bild auf meinem Smartphone abgelegt. Der Anblick tut mir gut und motiviert mich, mein Ziel nicht aus den Augen zu verlieren.

Fragen Sie sich selbst:

Wie wird es sich anfühlen, wenn ich mein Ziel erreiche?

Was wird anders sein, wenn ich es erreicht habe?

Der Blick zurück aus der Zukunft

Oft nehme ich meine Klienten mit auf eine virtuelle Reise in die Zukunft, von der wir dann auf das Heute zurückblicken. Machen Sie das doch auch einmal. Die Einstiegsfrage lautet dann: Wenn wir jetzt zusammen aus der Zukunft auf den heutigen Tag zurückblicken, worüber sind Sie im Nachhinein froh, dass Sie es gemacht haben? Welches waren die Herausforderungen und wie haben Sie sie gemeistert? Welche Stolpersteine sind Ihnen begegnet und wie haben Sie diese aus dem Weg geräumt? Welche Ressourcen haben Sie dabei unterstützt? Nun beenden wir die virtuelle Reise wieder und ich frage den Klienten, welche konkreten Schritte er aus der daraus gewonnenen Erkenntnis als Nächstes einleiten will. Lieber Leser, Sie werden feststellen, dass sich statt einer vagen Vorstellung nun ein klarer Weg abgezeichnet hat mit einem stimmigen Gefühl, das Sie Ihrem Ziel näherbringen wird. Es wird sich anders anfühlen, weil Sie gedanklich schon mal dort waren, wo Sie hinwollten, auch wenn es heute noch nicht Realität ist. Es gibt Ihnen Sicherheit und Motivation.

Sie wollen Ihre Mitarbeiter in ihrer Zielerreichung oder in einem Change-Prozess unterstützen? Spielen Sie doch dann einmal diese Übung mit ihnen durch. Das wird ihnen das Gefühl geben, dass Sie an sie glauben. Oftmals erlebe ich, dass Manager längst schon mit dem Change-Thema vertraut sind, weil sie alles schon x-mal gedanklich durchgespielt haben. Dabei vergessen sie aber häufig, dass die Mitarbeiter selbst noch ganz am Anfang des Veränderungsprozesses stehen. Mit dieser Übung holen Sie sie mit an Bord und erkennen dadurch gleichzeitig, welche Ängste, Hoffnungen und Frustrationen bei ihnen mitschwingen.

Füllen Sie Ihr Fass auf (Das Energiefass nach Sylvia Kéré Wellensiek)

Alle Menschen haben einen gewissen Energiepegel. Da ich in einem Weindorf lebe, kommt mir in diesem Zusammenhang ein Weinfass in den Sinn, Weinfässer gibt es hier nämlich massenweise. Stellen Sie sich doch mal Ihren Energiehaushalt anhand eines Weinfasses vor, das knapp über seinem Boden ein kleines Loch in der Seite hat. Alles was oben an Energie zugegeben wird, läuft buchstäblich unten wieder heraus. Wenn wir also nicht darauf achten, dass unsere Energie immer wieder aufgefüllt wird, bzw. wenn wir es versäumen, das besagte Loch zu stopfen, werden wir irgendwann mit unserer Energie am Ende sein und zusammenbrechen.

Befragt man Manager, was ihr Fass schlussendlich zum Auslaufen gebracht hat, sagen die meisten: «Stress. Zu viel auf einmal, ich konnte nicht mehr, es war einfach nicht mehr machbar.» Doch wenn ich nachhake, wird häufig offensichtlich, dass es nicht nur der Stress ist. Schliesslich können sie alle sehr gut mit Stress umgehen, denn sonst wären sie nicht auf der Position, auf der sie sind. Sie wissen meist sehr genau, wie sie sich disziplinieren und immer noch eine Schippe obendrauf legen können. Was das Fass zum Auslaufen gebracht hat, ist also etwas anderes: Sie haben sich nicht mehr darum gekümmert, ihr Energiefass aufzufüllen bzw. das Leck an seinem Boden zu schliessen. Denn schauen wir uns um: Was passiert mit uns, wenn es einmal wirklich stressig wird? Wir vergessen den Feierabend, arbeiten durch, erholen uns nicht mehr, belohnen uns nicht mehr, haben weder Freude noch Leidenschaft noch Herzblut bei dem, was wir machen, und verlieren insgesamt unsere Lebensfreude. Das alles kostet Kraft – zu viel Kraft.

Genau in diesen Phasen holen uns dann auch die Glaubenssätze ein, die uns in unserer Kindheit mit auf den Weg gegeben wurden und die wir uns dann in unserem späteren Leben zu eigen gemacht haben: «Was du heute kannst besorgen, das verschiebe nicht auf morgen», oder: «Wer zu spät kommt, den bestraft das Leben». Die Folge davon ist, dass wir in wirklichen Stressphasen gar nicht glauben, dass es zu viel ist, sondern vielmehr meinen, wir wären zu langsam und müssten daher alles geben, um den an uns herangetragenen Erwartungen zu entsprechen. Dabei würden wir wesentlich weiterkommen, wenn wir einmal für einen Moment innhalten, einen Schritt zurücktreten und eine andere Perspektive einnehmen würden, um zu sehen, was wir besser machen könnten und was uns dabei im Wege steht. Diesen Perspektivenwechsel nehmen aber nur die wenigsten vor und Innehalten geht schon mal gar nicht. Dafür reicht die Zeit nicht – denken sie.

Die Holzfäller-Metapher

In einer Holzfäller-Firma fängt ein neuer Mitarbeiter an. Hochmotiviert schafft er es am ersten Tag, 13 Bäume zu fällen, der Durchschnitt liegt bei 10 Bäumen. Am nächsten Tag will er sich noch toppen, schafft aber nur noch 12 Bäume. Er lässt sich nicht entmutigen, arbeitet härter, schafft jedoch am dritten Tag nur noch 11 Bäume. Am vierten ist er auf dem Level der anderen, ist frustriert und demotiviert. Auf die Frage, ob er zwischendurch mal seine Säge geschärft habe, entgegnet er: «Dafür habe ich keine Zeit.»

Nicht nur, dass wir uns keine Zeit dafür nehmen, unsere Arbeit zu reflektieren oder unsere Säge zu schärfen, wir leiden auch unter Gruppenzwang. In meinen Seminaren ist beim Thema Zeitmanagement häufig zu hören: «Dafür fehlt uns die Zeit.» Keine Zeit zu haben, gehört in unserer Gesellschaft schon zum guten Ton. Denn wie würde Ihr Umfeld reagieren, wenn Sie behaupten würden: «Ich habe jede Menge Zeit»? Was würde der Chef oder der Kollege denken bzw. was würden sie mit dieser Information anfangen? In den Seminaren führe ich ausgehend von der Aussage: «Wir haben keine Zeit», immer mal wieder ein Experiment durch, bei dem ich Zeit verschenke. Ich sage: «Okay, ich schenke Ihnen jetzt eine halbe Stunde. Sie dürfen machen, was Sie wollen, diese halbe Stunde wird nirgends gelistet und Sie werden niemandem dafür Rechenschaft ablegen müssen.» Ich habe es bisher nur ganz selten erlebt, dass ein Teilnehmer in dieser halben Stunde tatsächlich das gemacht hat, was er selbst für sich machen wollte. Meistens geht ein Grossteil der Teilnehmenden zusammen Kaffee trinken, selbst die, die sich eigentlich vorgenommen hatten, etwas für sich zu tun. Andere sitzen die halbe Stunde mit dem Argument: «Eine halbe Stunde ist für die Füchse», einfach ab. Wieder andere beantworten E-Mails oder surfen im Internet.

An diesem Experiment wird deutlich, dass Menschen nicht aus der Reihe tanzen wollen. Wer auffällt, kann eben auch anecken und abgelehnt werden. Und derart angreifbar wollen wir uns selbst nicht machen. Dabei erkennen wir nicht, wie wertvoll es ist, dass wir unterschiedlich sind, und welche Kraft wir daraus ziehen können. In der Reflexion nach diesem Versuch erlebe ich oft Betroffenheit und letztlich auch Frustration, weil die Teilnehmenden erkennen, dass sie ein weiteres Mal fremdbestimmt gehandelt haben. Sie liessen sich von den Kollegen, vom Chef, vom Internet oder von sich selber ablenken, beeinflussen und verleiten. Und für mich ganz spannend ist es oft, zu erleben, wie herausfordernd es doch für viele ist, einfach nur dazusitzen und die Stille auf sich wirken zu lassen.

Mit einem Kollegen habe ich einmal im Rahmen eines Leadership-Lehrganges ein Führungsseminar abgehalten. Was auffiel, war, dass die Teilnehmenden die ganze Zeit sehr zurückhaltend waren und in einer Art Konsumhaltung der Dinge harrten, die da kommen sollten. Wer aber Führungskraft werden, sein und bleiben möchte, der muss auch für das, was er denkt und entscheidet, einstehen können. Also haben wir zehn Stühle aufgestellt und gesagt: «Für jeden gibt es einen Stuhl. Auf den ersten Stuhl soll sich jetzt diejenige Person setzen, die heute den grössten Beitrag dafür geleistet hat, dass die Gruppe etwas lernen kann. Und auf den letzten Stuhl am Ende setzt sich derjenige, der am wenigsten dazu beigetragen hat. Es dürfen sich allerdings nicht zwei für denselben Stuhl entscheiden.» Was meinen Sie, wohin sich der Grossteil der Teilnehmenden setzen wollte?

Selbstverständlich versuchten sich alle in der Mitte zu platzieren. Bloss nicht auffallen. Als wir den Druck erhöhten und den Auftrag erteilten, dass die Übung in den nächsten drei Minuten abgeschlossen sein müsse, passierte dann Folgendes: Einer erklärte sich einfach bereit, sich auf den letzten Platz zu setzen. Welcher Glaubenssatz war wohl für dieses Verhalten verantwortlich? Genau: «Sei gefällig!» Aber mit «Sei gefällig!» bekommen Sie keine Führungsposition. Denn wenn ein CEO in die Abteilung kommt und eine Führungsposition zu vergeben hat, dann ist es für die eigene Karriere nicht gerade förderlich, das Feld einfach kampflos zu räumen, nur um gefällig zu sein.

Viele erleben in ihrer Kindheit Situationen, in denen sie abgelehnt wurden – das macht etwas mit einem und führt eventuell dazu, dass wir später in Konkurrenzsituationen dem Konflikt aus dem Weg gehen, weil wir eben nicht zurückgewiesen werden wollen. Erinnern Sie sich an die Schulzeit. Wie war es, als der Sportlehrer im Turnunterricht zwei Ihrer Mitschüler bestimmte, die je eine Mannschaft für Völkerball zusammenstellen sollten? War es nicht so, dass jede und jeder hoffte, nicht am Schluss nur aus blossem Mitleid in die Gruppe aufgenommen zu werden? Glaubenssätze wie «Sei gefällig!» oder «Du bist ein Loser!», die sich möglicherweise in jungen Jahren in uns herausgebildet haben, gilt es abzulegen, um das erreichen zu können, was wir tatsächlich anstreben. Dabei hilft es, für uns ganz bewusst sogenannte «Erlauber» zu definieren, die uns z. B. sagen: «So, wie ich bin, bin ich o. k.» Und welches sind Ihre Glaubenssätze, die Sie mit sich herumschleppen?

Wenn ich Ihnen den Job wegnehme, was bleibt dann übrig?

Ich begleite viele Manager, die mit Ende 40 oder Anfang 50 aufgrund einer Reorganisation ihres Unternehmens stellensuchend sind. Das ist eine für die meisten von ihnen deprimierende Situation. Jahrelang hatten sie Macht, viel Macht, denn was sie entschieden haben, wurde sogleich auch umgesetzt. Und nun? Nichts mehr, keine Aufgabe und keine Macht mehr. Wer jetzt kein Fundament an Werten hat, die ihn stützen und halten, der verliert in so einer Phase schnell den Boden unter den Füssen.

Sich mit sich selber auseinanderzusetzen kann immer erst mal wehtun. Das Erste, was Menschen in Krisen abhandenkommt, sind Selbstbewusstsein, Selbstvertrauen und Selbstsicherheit. Gerade dann, wenn sie ihn am meisten brauchten, verlieren sie den Glauben an sich selbst und verfallen in eine Art Schockstarre oder Opferhaltung.

Die Selbstwirksamkeit ist völlig dahin, sie fragen sich nicht einmal mehr, was sie selbst jetzt noch tun könnten, stattdessen wird spekuliert, interpretiert und gehadert, wie es überhaupt so weit kommen konnte. Aber sie tun dies selbstverständlich nicht mit dem neutralen und wertfreien Spiegel der (Selbst-)Reflexion, sondern mit dem Fokus auf die anderen: «Es muss einen Schuldigen geben, der nicht ich selbst bin». Dabei geht viel zu viel Energie verloren, die bei der Frage, wie wir uns entlasten könnten, dann fehlt. Nicht, dass ich damit sagen möchte, dass Sie möglicherweise selbst schuld daran sind, dass Sie Ihre Stelle verloren haben, sondern vielmehr, dass sich in der heutigen Zeit aufgrund des schnelllebigen Marktes auch die Anforderungsprofile der Jobs ständig ändern und damit eine Situation entsteht, auf die sich alle einstellen müssen. Dies lässt sich etwa am Beispiel eines Kundenberaters leicht verdeutlichen. Den Kundenberater von einst, der nur reine Beratung gemacht hat, gibt es heute kaum noch. Denn zum Jobprofil gehören neuerdings auch die Skills eines Verkäufers. Die Geschäftsleitungen setzen auf Kundenbindung, um Mehrwerte und Umsätze fürs Unternehmen zu generieren. Kundenberater wurden daher zu beratenden Verkäufern und Verkäufer zu Starverkäufern hin entwickelt. Waren Sie nicht auch schon irritiert darüber, dass man Ihnen auf der Poststelle noch ein Gewinnlos, im Coffee-Shop noch ein hausgemachtes Amarettini verkaufen oder die Autoversicherung Ihnen für Ihr Auto das Rundum-sorglos-Paket um weitere zwei Jahre verlängern wollte? Die Jobprofile von einst genügen heute nur noch in den seltensten Fällen.

Ich bemerke oft, wie gross das Unverständnis in den Belegschaften ist, wenn Firmen 100 Arbeitsplätze streichen, um in einer anderen Abteilung 200 neue zu schaffen. Daher mein Rat an die Führungskräfte: Erklären Sie den Mitarbeitern, wieso die entsprechende Umstrukturierung oder Reorganisation fürs Unternehmen notwendig ist, denn nur so können sie dann auch nachvollziehen, was Sinn und Beweggrund dieses Schritts sind, und folglich auch ein gewisses Verständnis dafür aufbringen. Durch diese Vorgehensweise können die Führungskräfte die betroffenen Mitarbeiter in dieser schwierigen

Übergangsphase nicht nur angemessen begleiten, sondern sie zugleich auch dazu motivieren, sich für den nächsten Schritt im Unternehmen weiterzubilden. Und sie werden dann auch feststellen, dass bei diesen Mitarbeitern der Ruf nach einem Schuldigen plötzlich gar nicht mehr im Zentrum steht.

2.2 Stabile Bodenplatte

Was meinen Sie? Haben Sie eine stabile Bodenplatte, auf die Sie bauen können? Oder entdecken Sie bereits Risse in Ihrem Fundament? Und falls ja, reparieren Sie diese lieber gleich oder warten Sie eher ab, bis der Schaden so gross geworden ist, dass die Katastrophe unmittelbar bevorsteht? Beispielsweise erzählen mir Klienten: «Seit letztem Weihnachten (drei Monate her) bin ich jetzt schon zum dritten Mal krank.» Und im gleichen Satz: «Natürlich konnte ich da nicht zu Hause bleiben, wir haben zurzeit so viel zu tun und zudem einen Personalengpass.» Ihr Körper gibt Ihnen Warnzeichen, die Sie nicht ignorieren sollten. Mit Ihrem Auto würden Sie doch auch sofort zur Werkstatt fahren, wenn die Motorkontrollleuchte aufleuchtet, oder? Aber was machen die meisten, wenn es um sie selbst geht? Sie nehmen Schmerzmittel und übertönen den Schmerz. Das ist auf Dauer genauso hilfreich, wie wenn Sie bei Ihrem Auto einfach das Lämpchen der Motorkontrollleuchte abklemmen – auch da kommt früher oder später die böse Überraschung. Sagen wir dem Schmerz doch einfach Danke, schliesslich ist er doch für uns ein hilfreiches Warnsignal.

Wer zu Hause bleibt und sich auskuriert, fernab vom Büro, der hat Zeit und Raum für andere Gedanken, und so kann dann auch etwas Neues entstehen. Wenn Sie das nächste Mal das Bett hüten, weil eine starke Grippe Sie lahmgelegt hat, dann setzen Sie Ihren Fokus nicht zu sehr auf all das, was gerade nicht geht, sondern überlegen Sie sich, was dadurch alles möglich wird, dass Sie einmal nicht arbeiten und Ihr Körper sich eine Auszeit gönnt. Sie könnten die Zeit nutzen, um Ihren bisherigen Weg zu überprüfen, und auch den nötigen Abstand zu Ihrer Alltagsroutine gewinnen, um diese einmal zu hinterfragen. Oder Sie könnten sich die eine oder andere Frage aus diesem Buch herauspicken und über Ihr Leben sinnieren. Denn nur wer sich neue Fragen stellt, wird auch neue Antworten erhalten. Und nur wer neue Antworten erhält, dem eröffnen sich auch neue Wege.

Mir fällt auf, dass Unternehmen sich häufig nicht um ihr eigenes Fundament kümmern. Ganz am Anfang, d. h. in ihrer Gründungsphase, stehen meist bestimmte Leitsätze, die in irgendwelchen Statuten festgeschrieben werden. Nach diesen Leitsätzen wird das Unternehmen dann aufgebaut, und wenn es Erfolg hat, wächst und expandiert es. Aber was passiert dann am Ende mit diesen Leitsätzen? Sie treten zunehmend in den Hintergrund. Für viele Arbeitnehmer klingen sie oft nur noch wie leere Phrasen, mit denen sie nichts anfangen können, wenn sie sie überhaupt noch kennen. Wenn ich Manager danach frage, woran ein Kunde erkennt, dass die definierten Leitsätze auch gelebt werden, schaue ich oft in grosse Augen. Und dabei geht es hier doch um Werte, auf die sich das Unternehmen einmal verpflichtet hat. In Mode gekommen sind heute vor allem Werte wie «Wertschätzung» und «Respekt». Umso bedenklicher ist es, dass viele Unternehmen trotz dieser Werte nicht gerade sorgsam mit ihren Mitarbeitern umgehen, während auf der anderen Seite für den Kunden alles möglich gemacht wird.

In Hotels erlebe ich das immer wieder, denn hier finden viele meiner Seminare statt. Deshalb schaue ich auch etwas genauer hin. In einem Luxushotel z. B. wird allergrösster Wert darauf gelegt, dass es den Gästen an nichts mangelt und ihnen förmlich jeder Wunsch von den Augen abgelesen wird – aber dann sehe ich, wo die Angestellten dieses Hotels zu Mittag essen und was sie essen. Das komplette Kontrastprogramm. Leitsätze gelten aber nicht nur für Kunden, sondern sie gelten vor allem für die eigenen Mitarbeiter. Diese können Ihre Leitsätze aber nur dann verinnerlichen, wenn sie im eigenen Haus auch gelebt werden. Nur so können sie sie auch verkörpern und damit nach aussen sichtbar machen. Ein Hotelmitarbeiter, der vorher in der Küche das Tagesgericht probieren durfte, kann dieses den Gästen viel besser verkaufen, denn er weiss, wie es schmeckt und sich anfühlt, er versteht, wie kostbar die Zutaten sind und wie aufwendig die Zubereitung war. Er versteht das Pricing des Produktes und ist stolz darauf, ein besonderes Produkt zu verkaufen. Und wer möchte denn nicht ein hochwertiges Produkt oder eine hervorragende Dienstleistung verkaufen?

In einem Film über Stephen R. Covey (Autor des Managementklassikers und US-Bestsellers *Die 7 Wege zur Effektivität*) gibt es eine Szene, in der er in Unternehmen die Mitarbeiter nach den Zielen der Firma fragt. Erschreckend, wie wenige die wirklich wichtigen Ziele des Unternehmens kennen und wie wenig Zeit diejenigen, die sie kennen, für diese Ziele aufwenden. Immer wieder, wenn ich den Film zeige, wird gelacht. Aber wenn wir danach in die Reflexion gehen, wird klar, dass das in den meisten Unternehmen so läuft. Hand aufs Herz: Wie gut würde es Ihnen gelingen, die Frage nach den Zielen und Leitwerten Ihres Unternehmens zu beantworten? Und wie stünde es bei Ihrer Belegschaft hinsichtlich dieser Frage? Wenn Sie nicht einen Fixpunkt definieren, werden auch Ihre Mitarbeiter keinen haben, bei dessen Erreichung Sie sie unterstützen können. Dass Sie selbst wissen, wo es hingehen soll, ist essenziell dafür, dass Sie Ihre Truppe gut führen können. Ansonsten überlassen Sie alles dem Zufall.

Wie viele Rollen haben Sie eigentlich inne?

Führung hat unglaublich viel mit Selbstführung zu tun. Deshalb möchte ich Sie jetzt einladen, Ihre Rollen im täglichen Leben besser kennenzulernen. Seit über 30 Jahren spiele ich Theater, wie ich eingangs bereits erwähnt habe, und immer wieder kommt es dabei vor, dass ich eine Rolle zugeteilt bekomme, die mich an meine Grenzen führt. Einmal spielte ich in dem Stück «Heidi» von Johanna Spyri Fräulein Rottenmeier, die Hausdame der Familie Sesemann, die Heidi in Frankfurt zu disziplinieren versucht. Das Wertesystem von

Fräulein Rottenmeier könnte meinem eigenen nicht ferner sein. Während ich den Text lernte, musste ich ihn immer wieder weglegen, denn so gross war mittlerweile die innere Abneigung gegenüber dieser Figur. Ich versuchte also zu verstehen, wie sie so geworden war, wie sie war, und zeigte echtes Interesse für ihren Werdegang und ihr Wertesystem. Ich schaute hinter die Fassade, versuchte ihre Biografie zu studieren, sah ihre Verletzlichkeit, ihre Ängste, Bedürfnisse und die viel zu vielen unerfüllten Erwartungen und Sehnsüchte. Ich versuchte die Widersprüche zwischen ihren Werten mit ihrem Umfeld übereinzubringen. Vielleicht musste sie in ihrem Leben zu oft eine Rolle spielen, die ihr gar nicht entsprochen hatte, sondern ihr einfach übergestülpt worden war. Oder vielleicht waren die Ansprüche, die sie aufgrund ihrer Prinzipientreue an sich selbst stellte, einfach auch nur zu hoch.

Wir Menschen nehmen in den unterschiedlichen Situationen, in die uns das Leben immer wieder bringt, ganz unterschiedliche Rollen ein. Wenn wir geboren werden, sind wir Söhne oder Töchter, wir sind vielleicht grosse Schwester oder kleiner Bruder, später sind wir Freundin und Freund, wir sind Partnerin und Partner sowie Kollegin und Kollege. Könnte man also nun auch sagen, dass auch Führungskraft zu sein, eine Rolle ist? Ja, kann man. In der Praxis merkt man allerdings, dass es eine sehr komplexe Rolle ist.

Auch Führung erfordert das Einnehmen von Rollen, die unserem Wertesystem mitunter entgegenstehen. Wer die Rollen aber gut ausfüllen möchte, sollte sich mit ihnen auseinandersetzen. Immer wieder höre ich, dass sich die meisten ihrer Rollen gar nicht bewusst sind. Deshalb rate ich Ihnen, einmal eine Inventur Ihrer verschiedenen Rollen zu machen. Schaffen Sie Rollenklarheit. Stellen Sie fest, wovon Sie zu viel haben und woran es Ihnen fehlt, und nutzen Sie die Gelegenheit, auch einmal etwas zu entdecken, das Sie bisher nicht wahrgenommen haben (so wie ich neulich entdeckte, dass ich das Buch, das ich gerade gekauft hatte, schon im Regal stehen hatte). Denn wer eine Inventur macht, hat auch die Chance, alles mal neu anzuordnen.

Henry Mintzberg, ein vielzitierter kanadischer Professor für Betriebswirtschaft und Management, wies den Managern insgesamt zehn verschiedene Rollen zu und teilte diese in drei Kategorien auf:
1. Interpersonelle Rollen
2. Informationelle Rollen
3. Entscheidungsrollen

Zuerst möchte ich die *interpersonellen Rollen* vorstellen. Unter diese fallen:

» Galionsfigur
» Leader
» Vernetzer

Galionsfigur: Der Manager verkörpert das Unternehmen nach aussen und innen. Nach aussen etwa, wenn er in politische Sendungen eingeladen wird und sich dort anspruchsvollen Fragen stellen darf oder muss. Nach innen beispielsweise, wenn er Mitarbeitende zu Round Tables einlädt und mit ihnen in Austausch tritt, um sich einen Gesamteindruck vom betrieblichen Klima zu verschaffen. Gut ausgefüllt ist diese Rolle, wenn sie Klarheit und Transparenz schafft. Oft erlebe ich, dass diese Galionsfiguren viel zu viel dem Zufall überlassen und bei anstehenden Entscheidungen häufig ungenügend vorbereitet sind – und das ist gerade bei Veränderungsprozessen suboptimal. Denn wenn keine klaren Sprachregelungen gelten, gibt es viel Interpretationsspielraum, und das kann sich kontraproduktiv auf die Mitarbeiter, Kunden, Lieferanten, Mitbewerber, Politik usw. auswirken.

Leader: Er ist die tatsächliche Führungsfigur. Leader zu sein heisst, wirklich Vorgesetzter zu sein, alle Ziele und Erwartungen unter einen Hut zu bekommen und die KPIs zu erreichen. Ich erlebe oft bei meinen Klienten, dass diese Rolle extrem herausfordernd ist, denn wenn die Ziele nicht erreicht werden, steigt der Druck. Und oft wird dieser Druck ungefiltert über die verschiedenen Hierarchiestufen bis an die Basis weitergegeben. Dabei heisst Leader sein auch, die Mitarbeiter anzuleiten, sie bei wichtigen Entscheidungen mitzunehmen, und nicht zuletzt auch, sie zu motivieren.

Vernetzer: Die Rolle des Vernetzers widmet sich dem Aufbau und der Pflege von Kontakten innerhalb und ausserhalb des Unternehmens. Als richtige Vernetzer erlebe ich wenige meiner Klienten. Ich stelle immer wieder fest, dass das Netzwerken nach aussen häufig so gut wie gar nicht funktioniert oder nur oberflächlich. Man(n) vernetzt sich vielleicht über Social Media, aber leider nur mit dem Ziel, über einen Kontakt mehr zu verfügen. Wenn es um «geben» und «nehmen» geht, kommt schnell ein mulmiges Gefühl auf und man bleibt lieber seinem Gärtchen treu. Auch innerhalb des Unternehmens findet wenig Networking statt, was zu immensen Verlusten von Energien und Synergien durch ungenutzte Kapazitäten führt.

Die *informationellen Rollen* sind für das Sammeln, Interpretieren und Weitergeben von Informationen erforderlich:
» Radarschirm/Monitor
» Sender
» Sprecher

Radarschirm/Monitor: Die Aufgabe des Managers in der Rolle des Monitors ist es, Informationen zu sammeln und auszuwerten. Gerade bei der Rolle des Monitors stelle ich immer wieder Defizite fest. Manche Manager kennen nicht einmal die Produkte und Preise der Mitbewerber! Das ist dramatisch! Oder sie setzen alles daran, eine hohe Kundenzufriedenheit zu erzielen, und bemerken dabei nicht, wie die Zufriedenheit der eigenen Mitarbeiter vom Radarschirm verschwindet. Viele Unternehmen geben viel Geld aus, um jährlich die Kundenzufriedenheit abzufragen, mit den Mitarbeiter-Umfragen jedoch gehen sie oft stiefmütterlich um.

Sender: Der Sender gibt die gesammelten und ausgewerteten Informationen weiter. Ist ein Manager beispielsweise nur Sender, ist es so, als hätte er Scheuklappen auf. Er nimmt nicht wahr, was rechts und links von ihm passiert. Das erlebe ich oft zwischen Innen- und Aussendienstlern. Da wird häufig nicht miteinander gesprochen, sogar gegeneinander gearbeitet, und das zum Teil vor dem Kunden. Ähnlich ist es, wenn die verschiedenen Manager, die zu Meetings gehen, anschliessend die Informationen einfach nur weitergeben.

Oftmals sind es leider nur nackte Informationen und Zielvorgaben ohne jede Sinnvermittlung. Wenn die Manager im Coaching dann reflektieren, erkennen sie, dass der Grund dafür, dass die Ziele nicht erreicht werden, oft genau darin liegt, dass es ihnen nicht gelungen ist, deren Sinn den Mitarbeitern plausibel zu vermitteln. Und meist wird ihnen dabei auch klar, dass es ihnen häufig an einem Bewusstsein für die Zusammenhänge und Wechselwirkungen zwischen den individuellen Lernprozessen der Mitarbeiter und den Lernprozessen des Unternehmens als Ganzem mangelt. Dazu ein kleiner Exkurs.

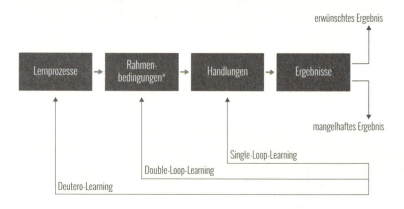

* Ziele, Strukturen, Verhaltensmuster, Normen, Standards ...

Abb. 5: Modell des organisationalen Lernens nach Argyris & Schön (1978) Vgl. https://wirtschaft.fh-duesseldorf.de/fileadmin/personen/ lehrbeauftragte/venjakob/Winter1314/2._Lerntheorien_und_ Lernende_Organisation.pdf, S. 43

Wenn die Mitarbeiter eine Handlung tätigen und dabei ein mangelhaftes Ergebnis erzielen, nehmen Manager häufig zuerst Anpassungen der Handlung vor. Es wird also geschaut, dass die Handlung an sich «richtiger» ausgeführt wird, damit das gewünschte Ergebnis eintrifft. Gemäss dem Modell des organisationalen Lernens nach Argyris und Schön wird dies als Anpassungslernen oder auch Single-Loop-

Learning bezeichnet. Das kann zwar dazu führen, dass kurzfristig bessere Ergebnisse erzielt werden, aber das vorhandene Repertoire an Verhaltensweisen vergrössert sich dadurch beim Mitarbeiter nicht.

Tritt nun aber durch das Single-Loop-Learning keine Verbesserung ein, kommt es meistens zum Veränderungslernen, auch Double-Loop-Learning genannt. Hierbei werden die Rahmenbedingungen angepasst und also z. B. Ziele, Strukturen, Verhaltensmuster, Normen und Standards verändert. Das Handlungspotenzial wird dadurch erweitert.

Reicht auch das nicht aus, ist es erforderlich, die Lernfähigkeit des Unternehmens selbst zu verbessern, was als Prozesslernen bzw. Deutero-Learning bezeichnet wird. Auf dieser Stufe werden dann die bisherigen Lernstrategien analysiert und reflektiert sowie neue Lernstrategien entwickelt. Diese Lerntheorie kann für einzelne Mitarbeitende oder für die jeweilige Organisation als Ganzes angewendet werden.

Nun aber wieder zurück zu den verschiedenen *informationellen Rollen* und dabei zu der als *Sprecher:* Damit ist die Rolle des Managers gemeint, die er nach aussen hin wahrnimmt, wobei dieses Aussen sowohl andere Abteilungen innerhalb des Unternehmens als auch die Öffentlichkeit oder die Stakeholders sein können. Für diese Rolle coache ich Manager dahingehend, dass sie ihre Nachrichten über Aktivitäten, Massnahmen oder erzielte Ergebnisse des Unternehmens so auf den Punkt bringen, dass sie diese dann auch als entsprechende Informationen professionell an Externe weitergeben können. *Sprechen* heisst nicht nur, Entscheidungen zu kommunizieren, sondern auch, Commitments abzugeben. Denn ein Manager muss zu dem stehen, was er sagt und tut – aber auch zu dem, was er nicht sagt und nicht tut. Er trägt die Verantwortung und kann sich hinter niemandem verstecken, weder intern, noch wenn er in der Öffentlichkeit steht.

Immer wieder kommen Manager zu mir, die ihre Speeches vorbereiten wollen. Sie wollen nicht nur rhetorisch professionell und selbstbewusst wirken, sondern ihre Reden sollen auch eine nachhaltige Wirkung erzielen. Dafür aber wird es notwendig sein, dass sie sich der Wirksamkeit der Kommunikation bewusst werden.

Der iranisch-amerikanische Psychologe Albert Mehrabian, der vor allem zur nonverbalen Kommunikation geforscht hat, stellte folgende Formel auf, mit der die Wirkung einer Gesamtaussage in Bezug auf ihre Komponenten Inhalt, stimmlicher Ausdruck und mimischer Ausdruck bestimmt wird. Nach dieser Formel werden 7 % durch den sprachlichen Inhalt, 38 % durch den stimmlichen Ausdruck und 55 % der Gesamtaussagen durch die Körpersprache bestimmt.

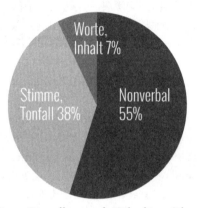

Abb. 6: Eigene Darstellung nach Mehrabian: Silent Messages

Jetzt können Sie sich vorstellen, wie wichtig die Wirkung Ihrer Stimme ist, wenn Sie Ihrem Publikum z. B. nicht face-to-face gegenüberstehen, sondern dieses Sie nur hört (etwa im Radio). Jeder Redner möchte gerne als charismatisch wahrgenommen werden. Doch was zeichnet den charismatischen Redner aus? Es ist nicht allein sein Wort, das fasziniert, sondern vielmehr, dass er es schafft, die Herzen der Zuhörer zu berühren und zu bewegen. Damit das gelingt, braucht es eine innere Haltung, die auch nach aussen sichtbar wird.

Wenn ich meine Klienten dabei unterstütze, eine Rede vorzubereiten, nutze ich dafür den Elevator Pitch, sodass sie in kurzer Zeit – d. h. in der Zeitspanne, die ungefähr eine Fahrt in einem

Aufzug in Anspruch nimmt – die Informationen liefern können, die von ihnen verlangt werden, und dies in einer Art und Weise, die so anregend ist, dass man am liebsten noch mehr erfahren möchte. Dafür werden folgende Punkte geklärt:
» Zielgruppe
» Problem der Zielgruppe
» Die Idee des Kunden
» Unsere Markt- oder Ideen-Kategorie
» Worin liegt unser Hauptvorteil
» Wer ist unser Wettbewerber
» Weshalb ist unsere Idee einzigartig

Diese einzelnen Schritte sollen meinen Klienten dabei helfen, sich klar darüber zu werden, welche Botschaft sie mit welchem Ziel vermitteln wollen und wie sie dies auf den Punkt bringen können. Das ist zwar nicht immer einfach, aber der Elevator Pitch gibt dafür die nötige Struktur vor.

Jetzt fehlt nur noch die dritte Kategorie der Rollen, die Manager einnehmen: *die Entscheidungsrollen:*
» Innovator
» Problemlöser
» Ressourcenzuteiler
» Verhandlungsführer

Bei diesen Rollen geht es um den Bereich der tatsächlichen Machtausübung, wobei das Wort Macht nicht negativ behaftet sein muss. Manager müssen Entscheidungen treffen, denn sie sind am «Drücker», und auch wenn sie die Entscheidungen oft gar nicht alleine treffen, so müssen sie doch oft allein die Verantwortung für deren Konsequenzen tragen. Denn wie heisst es doch so schön: Verantwortung ist nicht delegierbar.

Innovator: Als Innovator ist es die Aufgabe des Managers, Veränderungen rechtzeitig wahrzunehmen und darauf mit Innovationen zu reagieren, indem er das Unternehmen neu ausrichtet und das strategische Management entsprechend anpasst. Dazu bedarf es der Kreativität, die uns aber erfahrungsgemäss im Laufe unseres Lebens etwas verloren geht. Ganz anders als Kinder, die im Spiel mit ihren Bauklötzen immer wieder Neues ausprobieren und der eigenen Phantasie freien Lauf lassen, haben Manager die Angewohnheit, neue Ideen einfach abzutun. Wenn in meinen Workshops ein Teilnehmender eine solche Idee vorträgt, dann kann man sicher sein, dass mindestens einer dabei ist, der sagt: «Das geht nicht, das haben wir auch schon probiert.» Aber Kreativität ist wichtig, denn sie ist lustvoll und bringt Spass in die Arbeit. Denken Sie doch einmal darüber nach, wie innovativ Ihre Innovationsmeetings eigentlich sind! Dürfen Ihre Mitarbeiter auch ausserhalb des Unternehmens nach kreativen Ideen suchen, z. B. im Schwimmbad, auf dem Kinderspielplatz, in der Hängematte – oder ist es wichtig, dass sie sich darüber in ihrem Büro den Kopf zerbrechen? Interessant finde ich jeweils, wenn innovative Firmen ihre innovativen Produkte vorstellen und anschliessend zum Apéro dann Chips und Erdnüsse servieren. Nicht wirklich innovativ, oder? Was ich in Trainings immer wieder feststelle, ist, dass die Manager Hemmungen haben, Dinge zu visualisieren. Da höre ich immer: Ich kann nicht zeichnen, ich bin nicht kreativ. Ich glaube aber, dass in jedem ein gewisses kreatives Potenzial steckt, das zwar im Laufe der Jahre etwas verloren gegangen sein mag, aber eben darum auch wiederentdeckt werden kann. Wann im Leben, lieber Leser, haben Sie die Kreativität verloren? Und nicht nur die Kreativität, sondern auch Ihre Leichtigkeit und Unbefangenheit?

Problemlöser: In dieser Rolle ist der Manager gefragt, wenn es darum geht, auftretende Probleme möglichst schon frühzeitig zu erkennen und dann auch adäquat zu lösen. Viele Manager aber – vor allem auf den unteren Führungsebenen – kennen oft weder die Unternehmensziele noch die Strategie, mit der sie erreicht werden sollen. Doch wer diese nicht kennt, weiss auch nicht, wohin er steuern muss! Ausserdem leben viele Manager nur im Hier und Jetzt, ohne sich bewusst zu sein, dass im nächsten Jahr die Ziele vermutlich schon wieder angehoben werden. Oder sie sparen ihre Energie für später auf und setzen die vorgegebenen Ziele nicht unmittelbar um, im Wissen darum, dass diese dann gleich wieder höhergesteckt werden.

Ressourcenzuteiler: Manager müssen genau drei Ressourcen managen: die ihrer Mitarbeiter, ihre eigenen und die finanziellen. Dass es dabei also auch um ihre eigenen Ressourcen geht, vergessen sie allzu häufig. Dem Team muss es doch gut gehen und die Zahlen müssen stimmen, sagen sie. Aber ganz ehrlich: Es nutzt doch keinem etwas, wenn der Chef am Ende mit einem Burn-out ausser Gefecht gesetzt ist. Ich erlebe im Coaching oft, dass die Manager gerne die Kontrolle über alles behalten möchten und daher auch nur schwerlich delegieren können. Die Folge davon ist, dass sie sich mit Dingen auseinandersetzen, die gar nicht zu ihren Führungsaufgaben gehören. Was aber ist der Grund dafür, nicht delegieren zu können oder zu wollen? «Ich kann es meinem Mitarbeiter nicht zutrauen, weil ihm das Wissen dazu fehlt», oder: «Ich kann ihm diese anspruchsvolle Arbeit nicht anvertrauen», heisst es dann. Übersetzt aber bedeutet das oft nichts anderes als: «Ich will unersetzlich bleiben.» Womit wir wieder bei der Frage sind: «Was ist das Thema hinter dem Thema?»

Verhandlungsführer: Der Manager repräsentiert sein Unternehmen nach aussen und tritt als Verhandlungsführer auf. In dieser Funktion hat er u. a. die Aufgabe, mit Repräsentanten anderer Unternehmen, die auf demselben Sektor tätig sind, Möglichkeiten gemeinsamer Aktivitäten, Kooperationen und Strategieausrichtungen auszuloten, um dadurch nicht zuletzt auch die Position des eigenen Unternehmens am Markt zu stärken. Dass ihm damit eine grosse Verantwortung zukommt, versteht sich von selbst, denn letztlich werden seine Entscheidungen ausschlaggebend für Erfolg und Misserfolg des Unternehmens sein.

Fragen Sie sich selbst:
» Welche (Manager-)Rollen nehme ich ein?
» Welche (Manager-)Rollen werden mir tagtäglich übergestülpt, die ich eigentlich gar nicht haben will?
» Welche (Manager-)Rollen hätte ich gerne inne und weshalb sind diese für mich nicht erreichbar?

Ganz schön viele Rollen, die Sie zu erfüllen haben, um eine «gute» Führungskraft zu sein, nicht wahr? Aber das dafür notwendige Wissen haben nur die wenigsten, so dass immer wieder Rollenunklarheit herrscht und es damit zwangsläufig auch zu Rollenkonflikten kommen muss. Denn nur wer sich seiner Rollen bewusst ist, kann diese auch ausfüllen und entsprechend kommunizieren. Oft komme ich in Teams, die mir erzählen, dass sie gar nicht genau wissen, was eigentlich zu ihrem Aufgaben-, Verantwortungs- und Kompetenzbereich gehört und was nicht. Immer wieder würde dieselbe Frage auftauchen, was gegenüber wem kommuniziert und wer informiert werden müsse. Das liegt ganz allein daran, dass die Führungskraft ihre Rollen nicht kennt, nicht lebt und vor allem auch nicht klar kommuniziert. Und was ist die Folge? Neben der ganzen Unsicherheit, die das bei den Mitarbeitern auslöst, führt es nicht zuletzt zu Misstrauen untereinander. Denn plötzlich können falsch oder nicht weitergegebene Informationen das Gefühl auslösen: «Die haben mir Informationen vorenthalten». Oder es kann, wenn der Chef bei allem und überall dabei sein will, der Eindruck entstehen, er selbst nähme sich nur in der Rolle des «Kontrolleurs» wahr. Diese Rollenunklarheiten bergen also ein unglaublich hohes Konfliktpotenzial innerhalb der Teams in sich. Schaffen Sie also Klarheit: Wer hat welche Rollen? Wie sind die Rollen definiert? Welche Aufgaben, Verantwortungen und Kompetenzen werden jeweils erwartet? An wen müssen welche Informationen gehen?

Check-up
Lieber Leser: Von welchen Rollen werden Sie sich künftig verabschieden? Und welche Rollen wollen Sie stattdessen übernehmen? Wie werden Sie die neu gewonnenen Rollen ausfüllen?

KAPITEL 3
KOPF

Glück und Geschick – das sind die beiden Voraussetzungen, um im Scrabble-Spiel als Gewinner hervorzugehen. Trotz des hohen Glücksanteils ist das sehr beliebte Spiel (der ehemalige US-Präsident Barack Obama soll ein grosser Fan davon sein, ausserdem Mel Gibson, Queen Elizabeth II. und natürlich ich selbst) zu einem Wettkampfsport geworden. Ja, Sport – Mind Games nennt sich diese Kategorie, zu der natürlich auch Schach gehört. Schach und Scrabble haben gemeinsam, dass strategisch gespielt werden muss und deshalb auch die unterschiedlichen Spieler ihren je eigenen Stil entwickeln. Nachdem jeder Spieler seine Steine gezogen hat, geht es darum, möglichst lange Worte auf das Spielbrett zu legen, um eine entsprechend hohe Punktzahl zu erzielen. Möchte man an der Weltmeisterschaft (die mit englischen Worten gespielt wird) teilnehmen, gehört allerdings weit mehr dazu, als nur jedes Schaltjahr eine Partie im Familienkreis zu spielen. Ganze Scrabble-Wörterbücher werden auswendig gelernt und es wird gespielt ohne Rücksicht auf Verluste. Nachdem ein Spieler bereits drei Mal diese Weltmeisterschaften gewonnen hatte, machte er sich auf, um sich neuen Herausforderungen zu stellen. Was aber, so fragt man sich, könnte, wenn man schon das höchste Ziel erreicht hat, dieses noch toppen? Er meldete sich 2015 zu den französischen Meisterschaften an. Selbst aus Neuseeland stammend und kein Wort Französisch sprechend, sorgte er allein damit schon für Aufruhr in der zwar kleinen, aber durchaus fanatischen Scrabble-Community. Als er sogar diese Meisterschaft gewann, war für alle klar: Er ist Gott – oder zumindest der Scrabble-Gott. Schliesslich soll er doch (er gibt keine Interviews und hält sich auch grundsätzlich sehr bedeckt) in Christchurch geboren sein. Ein Gerücht besagt, er habe in neun Wochen das französische Scrabble-Wörterbuch auswendig gelernt, ohne auch nur die Bedeutung der Worte zu kennen. *Ein anderes Gerücht spricht davon, dass er jedem Wort eine Zahl zuweise und diese dann mittels seines fotografischen Gedächtnisses abspeichere.* Doch wie auch immer, dieser Nigel Richards ist jedenfalls ein grosser Kopfmensch, der allerdings nach seinem Sieg in Frankreich den Weltmeistertitel im folgenden Jahr nicht mehr mit nach Hause nehmen konnte. Er verlor gegen den Schweizer David Bovet.

3.1 Modell einer ganzheitlichen Betrachtungsweise

Johann Heinrich Pestalozzi, der grosse Schweizer Reformpädagoge, gilt als Wegbereiter einer allgemeinen Bildung für alle Menschen, die für ihn auf der Harmonie von Kopf, Herz und Hand beruhte. Der Kopf stand bei ihm für den Intellekt, das Herz für Sitte und Moral und die Hand für die praktischen Fähigkeiten. Dieses von Pestalozzi entwickelte Modell für eine umfassende Persönlichkeitsentwicklung stellt die entscheidende Grundlage meiner täglichen Arbeit als Coach/Supervisorin und Trainerin dar, geht es mir in dieser doch im Wesentlichen darum, bei meinen Klienten ein Bewusstsein für die eigenen Beziehungs- und Verhaltensmuster zu schaffen, das sie dann auch in die Lage versetzt, entsprechende Muster bei ihren Mitarbeitern zu erkennen und dementsprechend auf sie einzugehen. Denn nur das schafft Rollenklarheit.

Menschen aber sind sehr unterschiedlich und haben daher auch unterschiedliche Motive, etwas zu tun oder eben nicht zu tun. Es gibt Menschen, die eher kopflastig sind, andere sind mehr gefühlsbetont und wieder andere sind dann stark, wenn es ans Machen und die praktische Umsetzung geht. Dies alles ist nicht wertend gemeint, denn das eine ist nicht besser als das andere. Es geht vielmehr darum, all diese Aspekte der Persönlichkeit, die jeder in unterschiedlichen Ausprägungen in sich trägt, so in eine ausgewogene Balance miteinander zu bringen, dass dies am Ende zu mehr Zufriedenheit und Erfolg führt, und zwar sowohl im Privaten als auch im Beruflichen.

3.2 Kopflastigkeit

Das Thema «emotionale Intelligenz» hat in den letzten Jahren in den Führungsetagen von Unternehmen immer mehr an Bedeutung gewonnen, und das zu Recht, denn sie ist meiner Ansicht nach ein für den Führungserfolg entscheidender Faktor. Eine Führung, die sich nicht nur auf die Leistung, sondern auch auf die Zufriedenheit der Mitarbeiter fokussiert, bedeutet am Ende eine Win-win-Situation für beide Seiten.

Bei Verhandlungen wird es immer darum gehen müssen, Kompromisse zu schliessen, aber nur wenn sich dabei Geben und Nehmen die Balance halten, wird man auch bereit sein, bei den eigenen Forderungen gewisse Abstriche zu machen. Dies nennt man eine klassische Win-win-Situation. Denken wir an Lohnverhandlungen: Der Mitarbeiter fordert einen höheren Lohn und der Vorgesetzte verlangt im Gegenzug die Bereitschaft, dafür zusätzliche Aufgaben zu übernehmen. Beide Partner pokern hoch, jeder kommt dem anderen im Laufe des Gesprächs einen Schritt entgegen, bis man sich am Ende irgendwo in der Mitte trifft. Einen guten Chef wird man daran erkennen, dass er eben nicht nur leistungsorientiert denkt, sondern auch die Fähigkeit zur Empathie besitzt und sich in die Emotionen seiner Mitarbeiter hineinversetzen kann. Nur so kann es ihm gelingen, das Gespräch so zu gestalten, dass am Ende der Verhandlungen beide Seiten das Gefühl haben, etwas gewonnen zu haben.

Aber wie steht es um die Krisenkompetenz kopflastiger Manager ganz generell? Ich möchte dies an einem Fallbeispiel aufzeigen. Ich begleitete einen Manager im Coaching. Er brachte das Thema ein, dass seine Abteilung weit unter den Zielvorgaben liege und er sich nicht erklären könne, weshalb das so sei. Schliesslich würden alle die Ziele, die es zu erreichen gelte, genau kennen. Ihm sei durchaus bewusst, dass Nähe und Distanz zwischen Vorgesetzten und Mitarbeitern ein wichtiges Thema sei, und er wisse auch, wie schwierig es sei,

Vertrauen und eine echte (Arbeits-)Beziehung aufzubauen, wenn er keine Nähe zulasse. Wir sind dann übereingekommen, dass er die Zeit bis zur nächsten Sitzung dazu nutzen solle, genau dieser Frage nach Nähe und Distanz tiefer nachzugehen. Ich bat ihn, seine Erkenntnisse nicht in Worten festzuhalten, sondern sie zu visualisieren, um ihm damit ganz bewusst einen anderen Zugang zu diesem Thema zu ermöglichen. Einen guten Monat später trafen wir uns wieder. Seine Antwort auf die Frage, wie das Thema zwischenzeitlich sein Denken, Fühlen, Handeln beeinflusst habe, konnte er gar nicht so richtig in Worte fassen. Plötzlich aber öffnete er sein Portemonnaie, nahm ein Stück Papier hervor, entfaltete es und schob es mir zu. Er sagte: «Dieses Bild zeigt, was ich nicht in Worte fassen kann.» Auf dem Bild war ein Berg zu sehen, auf dessen Spitze er selbst und an dessen Fuss, ganz unten, sein Team stand. Er war sichtlich betroffen. Ihm war bislang gar nicht aufgefallen, dass er auf seiner Bergtour sein Team, das sich immer noch am Startpunkt befand, völlig vergessen hatte und er nun ganz allein war. Er meinte weiter: «Seit dieser Erkenntnis trage ich diesen Zettel bei mir und immer wieder nehme ich ihn hervor und überlege mir, was es braucht, damit wir zu einer Seilschaft werden.»

Manchmal kann es also sinnvoll sein, wenn Führungskräfte ihr analytisches Denken und ihren Intellekt für einen Augenblick zurückstellen und sich fragen, welche Gedanken und Gefühle es bei ihren Mitarbeitern auslöst, wenn diese noch eine zusätzliche Statistik aus dem Tool ziehen, noch eine weitere Nutzwertanalyse erstellen oder für sie noch eine Entscheidungsgrundlage aufbereiten sollen. Damit meine ich natürlich nicht, dass nun alle Kopfmenschen plötzlich zu Gefühlsmenschen mutieren sollten oder dass sie keine Gefühle hätten, sondern ich will sagen, dass es die Vielfalt ist, durch die wir uns gegenseitig ergänzen und die daher auch unsere Arbeit bereichert. Stellen Sie sich doch mal vor, wir wären alle nur kopf- oder alle nur herz- oder nur handlastige Menschen, wo würde das hinführen? Das Rezept liegt folglich in der Diversität. Nur durch unsere Vielfalt können wir uns ergänzen.

Deshalb ist die Frage, die sich jeder Manager stellen sollte: Wie viele unterschiedliche Persönlichkeitstypen kann oder will ich in meiner Abteilung zulassen? Wie viel Andersartigkeit lasse ich/lassen wir zu? Wie gehe ich/gehen wir mit Unterschiedlichkeit um?

Kopflastige Menschen haben, genauso wie die herz- und handlastigen, ihre ganz spezifischen Fähigkeiten und Ressourcen. Doch sind diese nur in einer Einseitigkeit ausgeprägt, dann können sie auch zu Stolpersteinen werden.

3.3 Was wäre, wenn...?

Kennen Sie das «Was wäre, wenn»-Karussell? Es gibt Menschen, deren Leben von dieser Frage «beherrscht» wird. Schon morgens beim Aufwachen sitzen sie in diesem Karussell und es dreht sich den ganzen Tag, bis es dann endlich nachts beim Einschlafen für einige Stunden stillsteht. Das ist häufig, wie ich beobachtet habe, bei sehr kopflastigen Menschen der Fall. Diese versuchen Sachverhalte und Problemlagen immer bis zu Ende zu denken, um so gedanklich auf alles vorbereitet zu sein – oft allerdings zum eigenen Nachteil. Das ständige Reflektieren findet meist kein Ende, denn immer tun sich wieder neue Fragen auf, die bislang noch nicht bedacht wurden. Das ständige «Was wäre, wenn?» ist demnach nicht nur ein Segen, sondern kann auch ein Fluch sein. Und irgendwann dreht man sich tatsächlich nur noch im Kreis und ist gar nicht mehr in der Lage, irgendwelche Entscheidungen zu treffen, Aufgaben zu delegieren oder gar selbst aktiv zu werden.

In meinen Coachings habe ich immer wieder Menschen getroffen, die nicht in der Lage waren, ihren Job zu wechseln. Sie gingen so sehr darin auf, alle Eventualitäten gedanklich durchzuspielen, und fanden natürlich immer etwas, das sie noch nicht genug durchdacht hatten. Ausserdem waren sie direkt abgeschreckt, wenn sie etwas Negatives über ein Unternehmen erfuhren, das für sie eventuell in Frage gekommen wäre. Sie nahmen sich Jahresberichte und Geschäftszahlen vor, analysierten alles bis ins letzte Detail, und wenn sie dabei auf Ungereimtheiten stiessen, verzichteten sie lieber auf eine Bewerbung. Sie entschieden also allein mit dem Verstand, rein sachlich und rational.

Oft sind mir auch Führungskräfte begegnet, die an sich selbst den Anspruch hatten, mehr wissen zu müssen als ihre Mitarbeiter. Das aber wird in unserer heutigen Zeit immer schwieriger, denn die Mitarbeiter haben häufig studiert und bilden sich stetig weiter. Ich beobachte, dass daher vor allem kopflastige Menschen alles daransetzen, immer und über alles die Kontrolle zu behalten. Delegieren fällt ihnen schwer. Weshalb ist das so? In der Beratung höre ich häufig, dass sie sicher sein wollten, dass alles richtig gemacht wird, oder dass die Mitarbeiter nicht über die nötige Kompetenz verfügen würden. Beim genaueren Hinschauen zeigt sich aber, dass dabei andere Themen oft eine wichtigere Rolle spielen, nämlich dass sie zu Mitarbeitern nicht das nötige Vertrauen haben oder auch Angst davor haben, sich selbst ersetzbar zu machen.

3.4 Beruf oder Berufung?

Herz-, Kopf- und Handmenschen lassen sich nicht in Berufe einteilen, weil wir für jeden Beruf berufen sein können. Eine Berufung zu verspüren heisst, Sinnhaftigkeit im eigenen Tun zu erleben und etwas aus tiefstem Herzen zu machen. Es hat nichts mit Quantität zu tun, nichts mit Massenware, es sind Momente, in denen wir uns im sogenannten Flow befinden. Dies kann sogar so weit gehen, dass wir dann irgendwann gar nicht mehr merken, dass es auch noch eine Welt ausserhalb unseres Tuns gibt, die ihre Ansprüche an uns stellt und in der wir Verantwortung zu übernehmen haben.

Immer wieder erlebe ich allerdings, dass viele Menschen ihren Beruf nicht aus Berufung ausüben, sondern mehr oder weniger in ihn hineingerutscht sind oder gar in ihn hineingedrängt wurden. In meinen Beratungen höre ich oft folgende Geschichte: «Meine Eltern wollten, dass ich studiere und einen akademischen Grad erreiche.

Eigentlich hätte ich lieber einen ›normalen‹ Beruf gelernt.» Es sind also häufig die Erwartungen von aussen, und meist die der Eltern, die unsere Berufswahl beeinflussen, ohne dass wir uns fragen, ob es wirklich das ist, was wir eigentlich vom Herzen her tun wollen.

Ich hatte einen Klienten, bei dem es um das Thema «Standortbestimmung» ging. Er erzählte, dass er bis mit Mitte zwanzig bereits zwei technische Berufe gelernt und auch ausgeübt hatte und jetzt überlege, ob er noch eine dritte Ausbildung anhängen solle, da er mit beiden Berufen nicht glücklich sei. Er sei sich unschlüssig, welcher Beruf nun der richtige sei. Er ging in unserem Setting der Frage nach, welche Stärken er habe, was er gerne tue und wofür sein Herz brenne. Ich sammelte für ihn jeden einzelnen Begriff und am Ende war auffallend, dass beinahe alle im Bereich Umwelt, Landwirtschaft und Tiere angesiedelt waren. Praktisch keiner der Begriffe passte zu seinen Berufen, die er erlernt hatte und ausübte. In seiner Ratlosigkeit fragte er mich, was er denn nun machen solle. Ich lockte ihn aus der Reserve, weil ich vermutete, dass da noch ein Thema hinter dem Thema war, und sagte: «Alle Ihre Antworten haben etwas mit Landschaft, Umwelt und Tieren zu tun – erlernen Sie doch einen Beruf, bei dem Sie im Freien arbeiten können.» Wie Schuppen fiel es ihm von den Augen. Genau das sei schon immer sein Herzenswunsch gewesen, antwortete er, aber sein Vater hätte ihm das schon während der Schulzeit ausgeredet. Hochmotiviert verliess er das Coaching und sagte: «Jetzt weiss ich, was zu tun ist.» Und schon einen Monat später kehrte er mit den Worten zurück: «Ich komme nur noch, um den Coachingprozess abzuschliessen. Ich habe eine Praktikumsstelle gefunden, die es mir ermöglicht, meinen Traumberuf zu erlernen.»

Ähnlich ging es einem Studenten, der bei mir in der Beratung war. Seine Eltern hielten das Coaching für den einzigen Weg, um ihn dazu zu bringen, sein Studium erfolgreich abzuschliessen. Er jedoch kam mit ganz anderen Vorstellungen ins Coaching: «Mir fehlt jede Motivation für das Betriebswirtschaftsstudium.» Er studiere der Eltern wegen und sein mangelndes Interesse an dem Fach schlage sich in schlechten Noten nieder. Im Laufe unseres Gesprächs stellte sich dann heraus, dass er mit der Zeit erkannt hatte, dass seine Affinität zu Sprachen auf der Strecke geblieben und auch der Sport zu kurz gekommen war. Er selbst wollte eigentlich viel lieber Sportlehrer sein. Also habe er, so sagte er, sein Studium nun unterbrochen und plane jetzt einen Sprachaufenthalt in Frankreich. Er wolle zunächst einmal eine Saison lang als Snowboardlehrer arbeiten, um wieder einen freien Kopf zu bekommen. Mir war klar, dass dieser Entschluss für ihn bereits feststand, mit allen Konsequenzen. Und ich bestärkte ihn darin. Am Ende unserer Sitzung konnte man ihm regelrecht ansehen, wie eine Last von ihm abfiel, der Druck wich und er endlich wieder das Gefühl hatte, frei atmen zu können. Im Wissen darum, dass seine Eltern letztendlich hinter ihm stehen und seinen Entschluss akzeptieren würden, bedeutete das für ihn ein Happy End.

Die Generation der heute über 50-Jährigen ist im Gegensatz zu diesem Studenten noch anders geprägt. Sie denken, dass es für sie keine andere Möglichkeit mehr gibt, als in ihrer Firma zu bleiben und zu warten, bis sie in Rente oder Pension gehen können, auch wenn sie unglücklich und mit ihrer Situation unzufrieden sind. Da muss es natürlich zwangsläufig zu Problemen im Team kommen, vor allem dann, wenn jüngere Mitarbeiter dazukommen, die hoch motiviert sind und etwas verändern und voranbringen wollen. Hier ist dann der Vorgesetzte gefragt, der nach Wegen suchen muss, wie er dem Kollegen auf eine möglichst schonende Art und Weise eine Kündigung nahelegen könnte. Als reiner Kopfmensch würde er nun möglichst viel «Beweismaterial» sammeln, das deutlich macht, warum der Kollege für das Unternehmen nicht länger tragbar ist. Damit wäre die Sache klar und sauber erledigt. Doch selbst alle rationalen Argumente können nicht darüber hinwegtäuschen, dass es hierbei auch um einen Menschen geht, der viele Jahre seines Lebens dem Unternehmen gewidmet und damit auch einen Beitrag zu dessen Erfolg geleistet hat. In dem besagten Gespräch dürfen daher auch nicht nur Zahlen und unerfüllte Zielvorgaben zur Sprache kommen, sondern es müssen auch Wertschätzung und Anerkennung zum Ausdruck gebracht werden. Egal, wie die Entscheidung dann auch ausfallen mag – der Kollege wird sie, wenn er den Eindruck hat, dass dabei nicht nur der Kopf, sondern auch das Herz gesprochen hat, besser akzeptieren können.

3.5 Kopfkino ausschalten

Immer wieder biete ich auch Wander-Coachings an. Vor allem bei Menschen, die ihr Kopfkino nicht ausschalten können und stets versuchen, über alles die Kontrolle zu behalten. Dann gehen wir hinaus in die Natur und machen ein Coaching, während wir wandern.

Einmal, es war ein Wintertag, hatte ich einen Klienten in einem solchen Wander-Coaching, und als wir an eine Weggabelung kamen, fragte ich ihn, wo wir langgehen sollten. Er entschied sich für eine Richtung und wir gingen ein Stück. Nach einer Weile aber revidierte er plötzlich seine Entscheidung wieder, wir kehrten um und nahmen doch den anderen Weg. Fünf Minuten später ging dort, wo wir zunächst eigentlich entlanggehen wollten, eine Lawine nieder. Wir konnten das vorher gar nicht ahnen. Das zeigt, dass manchmal Dinge ins Rollen kommen, die man nicht vorhersehen kann. Natürlich habe ich mich gefragt, ob es die Intuition des Klienten war, einen anderen Weg zu nehmen.

Aber es müssen gar nicht solch spektakuläre Ereignisse sein, um uns deutlich zu machen, wie hilfreich es sein kann, die einmal eingeschlagenen Wege auch wieder zu verlassen. Dazu ein Beispiel: Nach 50 Jahren Ehe sagte die Frau zu ihrem Mann: «So, mein lieber Otto, heute würde ich gerne einmal das Weiche vom Brot essen, ich habe jetzt 50 Jahre lang immer den äusseren harten Teil gegessen.» Darauf entgegnete Otto: «Meine liebe Martha, weisst du, wie froh ich bin? Ich habe dir 50 Jahre lang mein geliebtes Stück vom Brot gelassen und habe deinetwegen das Weiche vom Brot genommen.»

Wie oft im Leben geht es uns doch genauso. Nur weil wir zu viel denken, zu viel in die Dinge hineininterpretieren und zu wenig (nach-)fragen. Natürlich gibt es dafür auch unendlich viele Beispiele aus den Unternehmensführungen. Und eines lässt sich dabei immer wieder beobachten: dass nämlich der Druck einfach nur von oben nach unten weitergegeben wird. Der Letzte in der Kette ist dann derjenige, auf den sich alles entlädt, ohne zu wissen, wie ihm geschieht und was der Sinn des Ganzen ist. Ein Mitarbeiter hatte diesbezüglich einmal von einer Druckumlenkungsmaschinerie gesprochen. Ich finde, das ist ein treffendes Wort. Was aber müsste sich ändern, damit sich eine solche Druckumlenkungsmaschinerie in eine Druckfilterungsmaschinerie verwandeln würde? Das Kopfkino müsste sich entschleunigen.

Check-up
Lieber Leser: Ich möchte Sie für folgende Frage gewinnen. Welches sind die Bereiche, an die Sie mit zu viel Kopf und zu wenig Herz herangehen? Was müsste sich bei Ihnen ändern, um beides in eine Balance zu bringen? Und wie würde dies dann wohl das Denken, Fühlen und Handeln Ihres Gegenübers beeinflussen?

KAPITEL 4
HERZ

Ein Sohn steht auf dem Balkon. Sein Vater ruft ihm entgegen: «Spring!» Der Anlass dieser absurden Situation ist folgender: Der Sohn sitzt, seitdem er zwei Jahre alt ist, jeden Tag am Klavier, über Stunden. Der Vater treibt ihn an, setzt ihn unter Druck, fordert Bestleistung. Dem Sohn schmerzen die Hände. Der Vater hat nur seinen eigenen Traum vor Augen: Er selbst wollte einst Konzertpianist werden, doch ein kleiner Fehler beim Ausfüllen der Bewerbung für das Konservatorium liess seinen Traum zerplatzen. Jetzt muss der Sohn den Traum erfüllen. Der Vater konzentriert sich mehr und mehr auf die Karriere des Sohnes, kündigt seinen Job, zieht extra in eine grössere Stadt und organisiert die beste Klavierlehrerin, die aufzutreiben ist. Doch der Sohn wird nach kurzer Zeit vom Unterricht ausgeschlossen. Für den Vater droht sein Traum ein zweites Mal zu zerplatzen. Soll alles umsonst gewesen sein? Die Jahre, die Mühe, die Zeit, das Geld – und trotzdem ist der Sohn nicht gut genug? «Du hast Schande über die Familie gebracht. Bitte bring dich um und erspare mir Weiteres.» Diese Worte treiben den Sohn auf den Balkon, der Vater treibt ihn fast auf das Geländer. Die Tiefe unter ihm, der Himmel über ihm, Jahre des Drills hinter ihm – und er entscheidet sich: Er springt nicht. Macht weiter. Mit 17 Jahren dann der Durchbruch – mit 32 blickt er heute auf eine Weltkarriere zurück. Die Zeit heilte Wunden, dem Vater hat er längst verziehen. Und die Fachpresse philosophiert darüber, ob die brutale Erziehung am Klavier den Pianisten Lang Lang zu seiner meisterlichen Technik gebracht hat.

4.1 Harte Schale, weicher Kern

Lassen Sie uns kurz an ein Ereignis zurückdenken: Im Januar 2016 hielt US-Präsident Barack Obama eine Rede zur Verschärfung des Waffengesetzes. Bei dieser sehr emotionalen Rede liefen ihm auch ein paar Tränen über die Wangen. Dies fand in den Medien ein grösseres Echo als das, was er gesagt hatte. Das sagt viel darüber aus, wie unsere Gesellschaft weinende Männer wahrnimmt. «Erfolgreiche Männer» und «Schwäche» bringen wir nicht wirklich zusammen. Deshalb gilt für viele auch die Regel: Je erfolgreicher ein Mann ist, desto einsamer ist er auch.

In diesem Kapitel will ich Sie deshalb dazu ermuntern, mehr auf Ihr Herz zu hören, um dadurch einen Zugang zu jenen Potenzialen zu gewinnen, die Ihnen bislang verborgen geblieben sind. Was mir in der Arbeit mit Herzmenschen immer wieder auffällt, ist, dass sie ihren Fokus auf ganz andere Dinge legen als Kopf- oder Hand-Menschen. Beispielsweise die Mitarbeiter von sozialen Einrichtungen wie betreuten Wohnheimen, Krankenhäusern und Alters- sowie Pflegeheimen, die sehr viel mit Beziehungsarbeit zu tun haben. Sie sind ständig mit der Herausforderung konfrontiert, sich fürsorglich um Patienten, Klienten und Heimbewohner zu kümmern und dabei gleichzeitig effizient zu bleiben. Täglich wird ihnen bewusst, dass sie in diesem Zwiespalt den Menschen, um die sie sich kümmern müssen, in keiner Form gerecht werden können. Aus diesem Grund entstehen immer wieder grosse Konflikte, wenn solche Einrichtungen mehr und mehr nach rein betriebswirtschaftlichen Gesichtspunkten geführt werden. Was zählt, ist allein, dass das Haus ständig ausgebucht ist und keine Betten leer stehen. Dem gegenüber stehen die Bewohner, die mit ihrer Krankheit, ihrem Handicap und ihrem Leid eine zeitintensive Betreuung benötigen. Im Gegensatz zu anderen Branchen, in denen es meist um «leblose» Produkte geht, findet hier die Arbeit am und mit Menschen statt, die einfach nur Aufmerksamkeit und Zuwendung brauchen. Wie wir über diese Entwicklung denken und wie wir uns zu ihr verhalten, ist eine Frage der inneren Haltung und des eigenen Menschenbildes – und also letztlich wieder eine Frage, wie wir Kopf, Herz und Hand in eine ausgeglichene Balance bringen.

Die Erfahrung zeigt, dass Gespräche zwischen Herz- und Kopf- oder Handmenschen ihre ganz eigenen Tücken haben, weil sie nicht selten von gegenseitigem Unverständnis geprägt sind. Ein Herzmensch beispielsweise ist bereit, bei allem, was er erzählt und berichtet, zugleich auch seine innersten Empfindungen und Gefühle mit einfliessen zu lassen. Er ist wie ein offenes Buch und zeigt sich damit auch von seiner verletzlichen Seite. Reagiert das Umfeld – die Kopf- und Handmenschen – darauf mit Aussagen wie: «Das ist doch nicht so schlimm», oder: «Wieso reagierst du denn so heftig bei solch einer Kleinigkeit?», geht das nicht spurlos an ihm vorüber, er fühlt sich nicht ernst genommen, unverstanden und wünscht sich mitunter sogar, lieber nichts erzählt zu haben. Diese Situation macht deutlich, welch unterschiedliche Welten mit ihren ganz eigenen Wertesystemen hier aufeinanderprallen und welche Konflikte mitunter entstehen können, wenn es nicht gelingt, hier die notwendigen Brücken zu schlagen.

Auszeit - gut genutzt?

Eigentlich wollen wir ja genau eines im Leben nicht: allein sein. Klar, mal einen Abend lang keine Verpflichtung haben, mal Ruhe geniessen – aber eine ganze Reise lang? Trotzdem machen sich immer mehr Menschen auf, eine gewisse Zeit alleine zu verbringen. Die einen machen eine Pilgerreise, um auf Du und Du mit sich zu sein, andere suchen eine Berghütte auf und verbringen dort eine ganze Zeit allein.

Immer wenn ich mit Menschen ins Gespräch komme, die genau das gemacht haben, erzählen sie davon, wie komisch sich der erste Tag angefühlt habe. Doch schon der zweite sei wesentlich besser gewesen, und manche, die nach drei Tagen wieder zurückkehrten, berichten, wie allein schon diese drei Tage sie gestärkt, motiviert und auf neue Ideen gebracht hätten.

Wenn Sie eher jemand sind, der dem Alleinsein aus dem Weg geht, fragen Sie sich doch einmal, was in der Einsamkeit entstehen könnte. Wie würde diese Zurückgezogenheit Ihr Denken, Fühlen, Reden (die Zwiesprache mit sich selbst) und Handeln beeinflussen? Wo auf Ihrer vielleicht nur imaginären Reise setzen Sie sich auf eine Parkbank und sinnieren über das Leben? Wo ist ein steiniger Anstieg? Wer sind hier Ihre Wegbegleiter? Wie feiern Sie den Glücksmoment, wenn Sie an Ihrem Etappenziel angekommen sind? Oder feiern Sie womöglich erst dann, wenn Sie das grosse Endziel erreicht haben? Oder feiern Sie gar nicht, weil es ja eigentlich gar keine gigantische Leistung war?

Eine (imaginäre) Pilgerreise – und es muss ja nicht gleich eine nach Santiago de Compostela sein – für sich allein genügt, um sich neu kennenzulernen, sich neu zu (er)finden und sich neu zu erden. Man heisst neue Gedanken willkommen und verabschiedet alte. Einige ziehen auf, um sogleich wieder abzuziehen. Wieder andere bleiben vielleicht länger oder gar für immer hängen, weil sie mit Schönem, mit Aufbauendem und Kraftvollem verbunden sind und als Anker für Krisenzeiten dienen.

Ich lade Sie ein, des Öfteren am Ende eines Tages darüber nachzudenken, wie Sie Ihre Gedanken an diesem Tag wahrgenommen haben: Waren sie kraftvoll und standen sie für pure Lebensfreude und Kreativität? Oder wurden sie durch Aussagen anderer Menschen getrübt? Wie können Sie Ihren positiven Gedanken mehr Bedeutung schenken und ihre Wirkung nachhaltig für sich nutzen?

Lob und Anerkennung

Wann haben Sie das letzte Mal den Ihnen nahestehenden Menschen Lob, Anerkennung und Wertschätzung entgegengebracht? Durch den Alltag hindurch vergessen wir nämlich gerne, dass es unsere Familie, Freunde oder unser Team sind, die uns oftmals den Rücken freihalten. Vielleicht wäre es daher mal wieder an der Zeit, diesen Menschen etwas dafür zurückzugeben.

Ich erlebe häufig, dass Manager so sehr mit dem Tagesgeschäft beschäftigt sind, dass sie Lob und Anerkennung für die Mitarbeiter gar nicht auf dem Radar haben. Und ganz oft geht es nicht einmal um Lob, sondern vielmehr um echtes Interesse des Chefs an der Arbeit des Mitarbeiters. Das ist eine der häufigsten Rückmeldungen, die ich in Leadership-Seminaren und Coachings erhalte. Wie gehen Sie beispielsweise mit Rückkehrgesprächen nach Krankheit um? Führen Sie diese, falls Sie diese führen, nur mit dem Hintergedanken, künftig die Fehlzeiten zu minimieren? Oder führen Sie diese, um sich wirklich nach dem Wohlbefinden des Mitarbeiters zu erkundigen und um Ihre echte Freude darüber auszudrücken, dass er wieder da ist, weil er Ihnen gefehlt hat?

Am Ende des Tages sind es die kleinen Gesten, die zeigen, ob einem ein Mitarbeiter etwas wert ist oder nicht. Möchten Sie Ihren Mitarbeitern zeigen, dass sie Ihnen etwas wert sind? Dafür eignet sich die Methode des lösungsorientierten Feedbacks. Und dabei geht es in erster Linie um das Zuhören. Nehmen Sie Ihr Gegenüber ernst, seien Sie empathisch. Wie denkt und fühlt er in diesem Moment? Was denkt er, was er nie sagen würde? Ein aufrichtiges Interesse sagt etwas über die innere Haltung aus. Diese Haltung spürt Ihr Gegenüber, und das motiviert. Wenn Sie in solch einer Haltung das Gespräch auch noch lösungs- statt defizitorientiert führen, steigt die Motivation Ihres Mitarbeiters ins Unermessliche.

Es gibt ein Konzept, das sich Twin Star nennt. Es listet acht Schlüsselfaktoren psychosozialer Gesundheit auf, die für einen lösungsorientierten Umgang mit Rückmeldungen entscheidend sind.

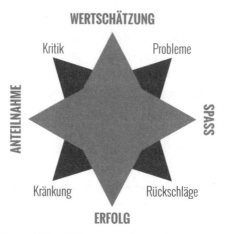

Abb. 7: Schlüsselfaktoren psychosozialer Gesundheit. Eigene Darstellung nach Ahola & Furman: Twin Star

Schauen Sie sich den Stern an – wenn Sie mich fragen, liegt das Augenmerk in unseren Unternehmen häufig fast ausschliesslich auf den dunkelgrauen Zacken des Sterns (Kritik, Probleme, Rückschläge, Kränkungen): Ziele nicht erreicht, Budgets überschritten, zu wenige Kunden akquiriert. Ich höre immer wieder davon, dass Vorgesetzte dazu Statistiken aufbereiten, die sie ungefiltert an ihre Mitarbeiter senden – manche sogar sonntags. Wenn ich mich in die Situation eines Mitarbeiters hineinversetze, der am Sonntag eine solche E-Mail bekommt, dann kann ich regelrecht spüren, wie schwer es ihm fallen muss, am Montagmorgen wieder voller Energie in die Woche zu starten. Ganz zu schweigen davon, wie seine Stimmung für den Rest des Sonntages ist.

Wie können wir das anders machen? Beispielsweise könnte man die Zahlen nicht per E-Mail (und nicht sonntags) versenden, sondern sich mit dem Mitarbeiter zum Mittagessen verabreden, um die Zahlen zu übergeben. Denn so könnte man auch noch etwas dazu sagen, etwas erklären, aufmuntern oder loben sogar. Was meinen Sie, wie würde sich dieses geänderte Verhalten – vorausgesetzt, es kommt von Herzen – auf die Motivation der Mitarbeiter auswirken?

Es bedarf nicht viel, um die hellgrauen Zacken des Sterns zum Leuchten zu bringen. Echtes Interesse zeigen ist eine Kleinigkeit, aber genau diese Kleinigkeit kann eine grosse Wirkung entfalten. Meist sogar eine grössere Wirkung als die Incentives, die nur kurzfristig, nämlich nur so lange, wie sie laufen, auf die Leistungsbilanz der Mitarbeiter einzahlen.

Haben Sie sich schon einmal Gedanken darüber gemacht, wo Ihre Mitarbeiter sich die Selbstbestätigung herholen, die sie – wie jeder Mensch – brauchen? Da ich weiss, dass der Beruf des Managers ein sehr einsamer sein kann, dürfen Sie sich auch gern selbst fragen, woher Sie sich eigentlich Ihre Selbstbestätigung holen. Wer sagt Ihnen, was Sie gut und richtig machen? Die Ihnen direkt Unterstellten vielleicht? Tun sie es auch, wenn es darum geht, Ihnen kritische Rückmeldung zu geben? Es ist ein weit verbreitetes Phänomen, dass Mitarbeitende stets auch Angst davor haben, gekündigt zu werden, selbst dann, wenn es aus ihrer Sicht gar keinen Grund dafür gibt. Das hindert sie auch daran, ihren Vorgesetzten ein Feedback darüber zu geben, wo sie bei ihnen noch Entwicklungspotenzial sehen. Wenn Sie dieses Geschenk erhalten, Hand aufs Herz, könnten Sie es annehmen oder würden Sie sich in Rechtfertigungen flüchten?

4.2 Bloss keine Emotionen

Echte Emotionen sind im Businessalltag nach wie vor tabu. Es ist immer wieder spannend zu sehen, wie schwer es für die Teilnehmenden von Seminaren, Coachings und Supervisionen ist, ihre Emotionen zu benennen und ihnen auch ihre Berechtigung zuzugestehen. Wir sind oft zu kontrolliert. Ein gutes Beispiel ist das Thema Komplimente. Wann haben Sie zum letzten Mal einem fremden Menschen ein Kompliment gemacht? Letztens hat sich in der Bahn ein junger Mann an meiner orangefarbigen XL-Tasche erfreut und mir zu diesem edlen Stück gratuliert. Viele Menschen sind der Meinung, eine Emotion mit einer fremden Person zu teilen, gehöre sich nicht.

Kinder dagegen gehen damit ganz anders um. Wann im Leben kommt uns eigentlich diese Leichtigkeit abhanden?

Damit meine ich nicht, dass wir unserer Wut in aller Öffentlichkeit freien Lauf lassen sollten, doch selbst ein herzhaftes Lachen gilt in manchen Kreisen schon als unangemessen. Schade, denn Lachen wirkt oftmals ansteckend, und wer immer nur mit einer Trauermiene durchs Leben geht, macht die eigene Situation auch nicht besser. Humor dagegen versprüht eine positive Energie, die zur Kreativität anregt und zur Lösungsfindung beiträgt.

Auch mal über sich selbst und die eigene Unzulänglichkeit zu schmunzeln, macht vieles einfacher. Ich habe einen guten Freund mit Trisomie 21. Er lebt bei seiner Schwester, meiner Freundin Maria. Wenn Toni, Maria und ich zusammen sind, stelle ich fest, wie sich Menschen von Tonis Art anstecken lassen. Da gibt es so manch schönes Erlebnis im Miteinander mit Menschen, die nur kurz in unser Leben treten und genauso schnell wieder verschwunden sind. Aber die magischen Momente, die zurückbleiben, sind einzigartig. In diesen Momenten frage ich mich, wieso das in der Managerwelt nicht möglich ist. Vielleicht haben Sie, lieber Leser, darauf eine Antwort?

Während ich so am Schreiben bin, schweifen meine Gedanken zu den Spitalclowns, wie sie z. B. in der Theodora Stiftung im Einsatz sind. Wie viele Momente des Glücks zaubern diese Artisten und Clowns herbei? Es braucht nicht viele Requisiten, was es aber braucht, sind Einfühlungsvermögen und Fingerspitzengefühl. Was heisst das für die Führung? Gerade in der Krise setzen «Spass» und «Spiel» einen anderen Fokus. Durch die gegönnte Pause kann wieder Energie getankt werden. Man kann sich ganzheitlich regenerieren.

Humor hat auch in sehr belastenden Situationen seinen Platz. Diesen Tipp gebe ich gerne an meine Klienten weiter und ich bin immer wieder erfreut darüber, wenn sie mir zurückmelden, dass genau das ihnen in ihren Konflikten und Krisen gutgetan hat. In meinen Veranstaltungen höre ich oft, dass vielen der Humor bei der Arbeit generell zu kurz kommt, alles werde immer so bitterernst gehalten. Das zeigt mir, dass die Auswirkungen von Humor auf den Teamerfolg völlig unterschätzt werden.

Kennen Sie die Übung mit dem Meterstab? Wenn nicht, dann aufgepasst: Je drei Teilnehmer eines Teams stellen sich gegenüber und strecken ihre Zeigefinger aus. Ein Meterstab wird auf diesen abgelegt und die Teilnehmer versuchen den Stab gemeinsam am Boden abzulegen. Dabei darf der Kontakt aller stets ausgestreckten Zeigefinger zum Stab nie verlorengehen. Anstatt dass der Meterstab sich aber langsam dem Boden nähert, geht er zunächst in die Höhe – ein immer wiederkehrendes kurioses Phänomen. Die Einzelnen beschuldigen sich gegenseitig: «Du musst runter!» – «Ja, ich gehe doch runter!» Alle wissen, dass das keine schwere Übung ist, und trotzdem schaffen sie es nicht. Erst nach kurzer Beratung, bei der einer aus der Gruppe für das Kommando und ein anderer für die Rolle des Motivators bestimmt wird, gelingt das Vorhaben. Alle freuen sich über die kleinen Teilschritte und feiern sozusagen die kleinen Etappenerfolge. Eine ganz einfache Übung, die man jederzeit in den Arbeitsalltag einmal einschieben kann. Sie bringt sehr viel Spass in das Team und zeigt deutlich, dass es jemanden geben muss, der das Kommando übernimmt, und jemanden, der die Gruppe motiviert. Denken Sie mal darüber nach.

Was zählt: Quantität oder Qualität?

Meine bereits genannte Freundin Maria und ihr Partner hatten in jungen Jahren einen Autounfall, ihr Partner starb dabei. Der Pfarrer stellte in der Abdankungsfeier die Frage: «Worin besteht das Leben? In der Qualität oder in der Quantität?» Mittlerweile sind über zwanzig Jahre vergangen, doch diese Frage ist mir geblieben. Die Autorin Cicely Saunders schreibt dazu Folgendes: «Es geht nicht darum, dem Leben mehr Tage zu geben sondern den Tagen mehr Leben.» Dem Tag mehr Leben zu geben gelingt schon im Kleinen. Als mein Neffe anlässlich seines allerersten Konzertes ein Stück auf seiner Geige spielte, wollte ich unbedingt bei seiner «Premiere» dabei sein. Also setzte ich mich in den Zug: 215 Kilometer hin und am gleichen Tag wieder 215 Kilometer zurück. Der Verstand meinte, dass sich das nicht rechne und der Aufwand in keinem Verhältnis dazu stehe. «Im Verhältnis zu was?», fragte das Herz. «Zu drei Minuten Glückseligkeit», erwiderte der Verstand. Im Nachhinein musste ich an den kleinen Prinzen denken: «Man sieht nur mit dem Herzen gut» – denn diese drei Minuten haben mich für all das, was ich dafür auf mich genommen hatte, mehr als entschädigt. Dieser kostbare Augenblick in seinem unschätzbaren Wert ist nun in mein Herz gemeisselt. Niemand und nichts kann das Gefühl ersetzen, das ich hatte, als meine ganze Familie zu Tränen gerührt und voller Stolz dem Konzert gelauscht hat. Und ich? Auch ich wischte die eine oder andere Träne weg. Ich habe durch dieses Erlebnis einen weiteren festen Anker für mich gewonnen, der mir in der Krise festen Halt gibt.

Immer wieder fragen mich Klienten, ob sie bereits um 7 Uhr in der Früh oder auch nach 19 Uhr am Abend oder gar am Sonntag zum Coaching kommen dürfen. Sie dürfen das, denn ich richte mich gerne nach meinen Klienten. Eine Frage die ich ihnen dann im Laufe der Sitzungen gerne stelle, lautet: «Was könnte Neues entstehen, wenn Sie sich das Zeitfenster ›Coaching‹ einmal tagsüber reservieren? Und welche Wirkung hätte es auf Ihre Mitarbeiter, wenn Sie sich als Chef während der Arbeitszeit einmal eine Auszeit von zwei Stunden gönnen?» Spielen Sie, lieber Leser, das auch einmal für sich durch. Es ist 9.30 Uhr und Sie fahren zu einem Date mit einer interessanten Persönlichkeit – nämlich mit Ihnen selbst. Was werden Sie anziehen? Vielleicht tauschen Sie Anzug und Krawatte gegen Poloshirt und Jeans? Die Lackschuhe gegen Sneakers? Vielleicht bevorzugen Sie heute lieber ein Coaching by walking anstelle des herkömmlichen Settings im Beratungsraum? Was denken Sie, was wird Ihnen auf der Fahrt begegnen? Vielleicht wählen Sie bewusst die Landstrasse oder zumindest die Normalspur auf der Autobahn. Was für Fahrzeuge sind unterwegs? Sind es mehr LKWs als sonst? Wie ist es, wenn Sie zügig vorwärtskommen und nicht im Stau stehen? Wie ist es, wenn die Landschaft in helles und warmes Sonnenlicht getaucht ist und sich möglicherweise in einem See widerspiegelt? Welche Menschen begegnen Ihnen? Vielleicht eine Gruppe Kindergartenschüler, die mit ihren selbstgebastelten Sachen fröhlich durch die Strassen hüpfen. Mit einer Leichtigkeit, von der Sie nur träumen. Und wenn Sie dann an der nächsten Kreuzung plötzlich hinter einem Müllwagen stehen: Was von dem alltäglichen Ballast würden Sie diesem am liebsten mitgeben?

Arbeiten Sie viel? Nehmen wir an, ich hätte die Möglichkeit, Ihnen täglich eine 25. Stunde zu schenken: Wofür würden Sie diese einsetzen? Ganz ehrlich. Und wie lange würde es dauern, bis auch diese 25. Stunde nichts Besonderes mehr wäre, weil sie auch schon wieder in einen völlig überbuchten Tag eingeplant wäre?

Gerne provoziere ich meine Klienten mit der Frage, ob denn die Dauer etwas über die Qualität und Effizienz von Arbeit aussagt. Was meinen Sie: Wenn jemand viele Word-Dokumente auf dem Bildschirm geöffnet hat, vielleicht sogar parallel auf zwei Bildschirmen, heisst das, dass er dann effizient arbeitet? Oder wenn er ständig in Meetings zusammen mit weiteren zehn Teilnehmenden sitzt? Wie wird Produktivität genau gemessen? Und kann es vielleicht sein, dass jemand, der nur sieben Stunden am Arbeitsplatz verbringt, produktiver und zielorientierter ist als jemand, der zehn Stunden arbeitet? Weil er gegebenenfalls für sich ein Gleichgewicht zwischen Anspannung und Entspannung gefunden hat? Die Frage ist auch hier: «Was ist der Preis, den ich zahle, wenn ich so viel arbeite?» Der Tag hat für jeden von uns nur 24 Stunden, und was vorbei ist, ist vorbei, wir können es nicht rückgängig machen, nichts wiederholen. Wenn wir in Rente gehen und wieder mehr Zeit haben, sind die Kinder wahrscheinlich schon ausgezogen und leben ihr eigenes Leben. Muss ich also tatsächlich jeden Tag zwei oder drei Stunden länger arbeiten? Oder will ich nicht doch lieber die Zeit mit meinen Freunden oder meiner Familie verbringen, gefüllt mit guten Gesprächen?

Um ihr schlechtes Gewissen zu beruhigen, machen viele Manager ihren Freunden und Angehörigen grosse und teure Geschenke – und vergessen oft das Wertvollste, was man überhaupt verschenken kann:

nämlich einen Teil der eigenen Zeit. Dabei steckt gerade in diesen Begegnungen mit jenen Menschen, die uns am Herzen liegen, eine unerschöpfliche Energiequelle, die viele Manager einfach versickern lassen. Aber auch die Zeit für die Mitarbeiter ist bei vielen meist zu knapp. Doch, Hand aufs Herz, wie lange brauche ich eigentlich, um einem meiner Mitarbeiter ein wohlwollendes Feedback zu schenken? Eine Minute? Zwei Minuten? Und was könnte der Gewinn daraus sein? Für Sie, für den Mitarbeiter, fürs Unternehmen?

Beziehung zu Mitarbeitern

Ganz oft höre ich von Klienten den Satz: «Heute möchte ich an der Beziehung zu meinen Mitarbeitern arbeiten. Ich merke, dass sie mit ihren Sorgen und Nöten eher zu meinem Stellvertreter gehen statt zu mir.» Wenn ich dann nachhake und tiefer ins Thema einsteige, stosse ich aber in 90 % der Fälle auf den springenden Punkt: Sie möchten nur bedingt mit den privaten oder persönlichen Anliegen des Mitarbeiters konfrontiert werden und möglichst schnell wieder zu den eigentlichen Sachfragen zurückkehren, gemäss dem Motto: «Vertrau dich mir an, aber berühr nicht mein Herz». Tut mir leid, aber das schliesst sich nun einmal gegenseitig aus. Das geht nicht zusammen. Ich kann mir nicht wünschen, dass Mitarbeiter mit ihren Sorgen und Nöten zu mir kommen, aber damit nur die beruflichen Sorgen und Nöte meinen. Ich kann keine gute Beziehung zu jemandem aufbauen und den Menschen dahinter ausklammern. Nähe auf Abstand funktioniert nicht. Viele Führungskräfte kommen an ihre Grenzen, wenn es darum geht, sich für einen Moment in die Situation ihrer Mitarbeiter hineinzuversetzen. Selbst die Frage «Wie geht es dir?» ist ihnen schon zu viel, könnten sie doch Gefahr laufen, mit der entsprechenden Gegenfrage konfrontiert zu werden. Und das wäre ihnen zu intim. Die Frage bleibt also meist nur eine Floskel, denn man will gar nicht wissen, wie es dem Mitarbeiter wirklich geht.

Was steht dahinter? Angst. Angst, von etwas betroffen oder berührt zu sein, Angst davor, dass am eigenen Herz gerüttelt wird, beispielsweise wenn die Mitarbeiter Probleme haben und im Sprechen darüber ihren Emotionen, etwa Trauer und Wut, freien Lauf lassen. Viele meiner Klienten sind davon überfordert, fühlen sich angesichts solcher Situationen gänzlich ohnmächtig, weil sie diese Gefühle bei sich selbst nicht zulassen und deshalb auch keinen Umgang damit haben. Die innere Haltung äussert sich in der äusseren Haltung. Sie zeigt sich in der Körpersprache, in Gestik und Mimik, in der Tonalität der Stimme und im Inhalt der Botschaften. Wenn der Mitarbeiter den Eindruck hat, dass die äussere nicht mit der inneren Haltung zusammenpasst, wird er die Kommunikation als nicht stimmig erleben. Diese Irritation wird ihn davon abhalten, sich gegenüber seinem Vorgesetzten zu öffnen.

Es macht also wenig Sinn, an der Beziehung mit den eigenen Mitarbeitern zu arbeiten, wenn man nicht bereit ist, an sich selbst zu arbeiten. Sie können nämlich nur so tief in diese Beziehung eintauchen, wie Sie selbst schon in sich hinabgetaucht sind und in der Tiefe Ihres Selbst Dinge entdeckt haben, die Ihnen zuvor verborgen waren. Dazu aber bedarf es eines bewussten Innehaltens und des Wahrnehmens Ihrer innersten Gedanken und Gefühle. Haben Sie also den Mut zu dieser Entdeckungsreise in sich selbst!

Heute ist heute und morgen ist morgen

Es gibt Tage im Leben, in denen es einem so vorkommt, als hätte sich die ganze Welt gegen einen verschworen. Da bleibt einem nur noch, sich abends auf ein schönes Restaurant zu freuen und etwas Gutes zu essen – und dann wird einem auch noch das Falsche serviert. Dieses Gefühl, dass «ausgerechnet mir» das passieren muss, kann natürlich auch im beruflichen Alltag immer wieder ausgelöst werden, beispielsweise wenn ein Projekt so richtig vermasselt wurde oder der Chef mal wieder seine schlechte Laune an einem ausgelassen hat. Situationen, die einem buchstäblich den Boden unter den Füssen wegziehen und dazu führen können, dass man komplett aus der Bahn geworfen wird. Hier kann es hilfreich sein, einfach mal für einen Moment neben sich zu treten und sich zu sagen: Heute ist heute und morgen ist morgen. Natürlich sieht man zunächst nur die Katastrophe und dass alles womöglich bös enden wird. Aber alles Hadern und Lamentieren hilft da nichts, denn was passiert, ist passiert und damit auch passé. Grübeln Sie nicht über Vergangenes, das nicht mehr zu ändern ist, und spekulieren Sie nicht über Künftiges, das Sie sowieso nicht in der Hand haben, sondern konzentrieren Sie sich auf das Hier und Jetzt und fragen Sie: Was hat der Tag trotz allem Schlechten dennoch auch an Gutem gebracht? Und was kann ich aus den gemachten Erfahrungen lernen? Einige meiner Klienten haben für sich das Ritual entwickelt, solche Fragen und die Antworten darauf in einem Tagebuch zu notieren. Gerade in Krisenzeiten tut es gut, darin zu blättern und all die positiven Dinge zu lesen. Das stärkt das Selbstbewusstsein und Selbstvertrauen und fördert die innere Ruhe und Gelassenheit.

Und wenn Sie morgens einmal das Gefühl haben, dass es wieder so ein Tag werden könnte, dann drücken Sie gleich die Stopptaste, besinnen Sie sich und überlegen Sie, was Sie jetzt brauchen, um wieder in die Spur zu kommen. Würde Ihnen vielleicht noch eine weitere Tasse Kaffee helfen? Dann genehmigen Sie sich eine. Oder atmen Sie einmal fünf Minuten ruhig und entspannt durch. Tun Sie das, was Ihnen guttut. Denn die Dinge laufen im Leben nun mal nicht immer rund und einen schlechten Tag hat auch jeder mal, aber entscheidend ist, wie wir damit umgehen. Egal, ob uns etwas glückt oder missglückt, wichtig ist zu erkennen, woran es lag. Alles andere würde bedeuten, dass nur der Zufall regiert. Auch wenn wir nicht alles selbst in der Hand haben, so gibt es doch immerhin so manches, das wir bewusst steuern können. Also denken Sie daran: Heute ist heute und morgen ist ein neuer Tag.

Den Blick weiten

Erschreckend finde ich immer wieder, wie wenig wir im Alltag auf andere Menschen achten. Ich habe für ein Unternehmen viele

Seminare zum Thema «Gut im Kontakt sein mit Menschen mit Handicap» abgehalten. Ziel dieser Seminare war, im Miteinander Grenzen zu achten und Grenzen zu öffnen. Am Ende des Tages waren sich alle Teilnehmenden einig, dass sie nun für diese Thematik in neuer Weise sensibilisiert worden seien. Eine Teilnehmerin erzählte z. B., dass sie «überfürsorglich» gehandelt habe, als sie ihren Seminarkollegen, einen Rollstuhlfahrer, heute Morgen fast aus dem Auto gezerrt habe, nur weil sie glaubte, dass «es so doch schneller gehe». Andere waren erstaunt darüber, zu erfahren, dass es völlig o.k. ist, einem Menschen mit Sehbehinderung den Arm anzubieten, und dass es ebenfalls völlig o.k. ist und nichts mit einem selbst zu tun hat, wenn dieser das Angebot ablehnt.

Ich selbst stand einmal auf einem Bahnsteig und habe einen blinden Mann beobachtet, der mit dem Blindenstock den Weg gesucht hat. Es war ganz klar ersichtlich, dass er Hilfe brauchte. Ich habe mir erlaubt, diese Situation kurz für einen «Studienzweck» auszunutzen, und habe ihn und die an ihm vorbeihuschenden Menschen eine Weile beobachtet. Um ihn herum waren so viele Menschen, aber niemand blieb stehen. Alle gingen sie schnellen Schrittes an ihm vorbei, doch keiner nahm Notiz von ihm oder fühlte sich gar verantwortlich. Als der Mann dann anfing, nach Hilfe zu rufen, eilte ich zu ihm. Er war dankbar für meinen Arm. Ich begleitete ihn zur Tramstation, aber da mein Orientierungssinn nicht gerade ausgeprägt ist, machten wir einen riesigen Umweg. Dort angekommen, meinte er deshalb schmunzelnd: «Vielen Dank, dass Sie mir geholfen haben, auch wenn es nicht der schnellste Weg zur Tramstation war.» Er war zwar blind, aber keineswegs orientierungslos – im Gegensatz zu mir.

Ich möchte den Menschen, die einfach an ihm vorbeigegangen sind, nicht vorwerfen, dass sie nicht helfen wollten. Vermutlich waren sie so mit ihren eigenen Dingen beschäftigt, dass sie ihn nicht wahrgenommen haben, oder sie dachten, dass sie dafür jetzt gerade keine Zeit hätten oder dass jetzt mal andere helfen sollten. Vielleicht aber wussten sie auch einfach nicht, wie sie mit der Situation umgehen sollten.

Im Team erlebe ich solche Ich-Fixierungen selbstverständlich auch: «Also, ich bin völlig zu, ich kann nichts übernehmen», «Nein, da habe ich Urlaub», «Tut mir leid, da hättest du dich besser organisieren müssen» usw. Wenn ein Team zusammenkommt, sind am Anfang alles Einzelkämpfer, möglicherweise arbeiten sie sogar gegeneinander. Ein erster grosser Schritt in der Teamentwicklung ist, wenn sie anfangen, miteinander zu arbeiten, aber die höchste Form der Teamarbeit ist, wenn sie füreinander arbeiten – ein Zustand, bei dem man blindes Vertrauen zueinander hat, sich aufeinander verlassen kann und sich ohne Erwartungshaltung gegenseitig hilft. Doch was ist die Voraussetzung dafür, dass dieser Zustand in meinem Team, aber auch in meinem privaten Umfeld Realität wird? Der Schlüssel dafür heisst «Wohlwollen».

4.3 Herzensangelegenheiten

Ein Herz für die Natur

Wer nur im Hamsterrad seine Runden dreht, hat bald auch keinen Blick mehr für die Schönheit der Natur. Hier sollten wir von den Kindern lernen. Als mein Neffe seinen 9. Geburtstag gefeiert hat, war er mit seinen Schulfreunden im Papiliorama «Swiss Tropical Gardens». Sie wurden von einem Guide herumgeführt. Es gab viele Fledermäuse und Schmetterlinge sowie Pflanzen zu bewundern. Am Ende der Führung sagte der Guide zu den Kindern, dass nun jeder ein Foto mit nach Hause nehmen dürfe. Er erklärte dann auch, wie das gehe, und rief ein Kind nach dem anderen nach vorne. Die Anweisung lautete, dass nun jeder die Augen schliessen und sie irgendwann wieder öffnen solle, und genau in diesem Moment würde es «Klick» machen, und das sei dann das Foto, das sie mit nach Hause nehmen könnten – ein mentales Foto also. Die Kinder waren begeistert! Ein Kind wollte sogar unbedingt nochmals ein Foto schiessen, weil es den Auslöser des virtuellen Fotoapparates zu früh gedrückt hatte.

Was heisst das für unsere Krisenkompetenz? In Krisensituationen haben wir oft kein Bild, das uns guttut und uns wie ein Anker auch im Sturm sicher im Hafen hält. Ich glaube, dass es wichtig ist, in uns selbst immer wieder Bilder von etwas Schönem abzuspeichern, um sie dann genau in solchen Momenten hervorholen zu können. Ich persönlich habe verschiedene Bilder, die ich mir in Krisen- und Stresssituationen bewusst vor mein inneres Auge halte. Meist ist es jedoch das Bild eines ganz bestimmten Sonnenblumenfeldes. Ich kann jederzeit und von jedem Ort aus auf dieses Bild zugreifen und es mit allen Sinnen wahrnehmen, den Duft des Feldes riechen, die Geräusche von herumsirrenden Insekten hören, die unterschiedlichen Farben sehen. Kinder haben sich diese Fähigkeit zur Imagination noch in einer ursprünglichen Weise bewahrt, während wir Erwachsenen sie meist verkümmern liessen. Deshalb gehe auch ich gerne mit meinen Klienten vor die Tür und mache einen Spaziergang. Die Natur gibt einfach so viel her, um an gewissen Themen auch aktiv zu arbeiten. Und vor allem werden hier auch die reinen Kopfmenschen richtig kreativ, heben Äste und Blätter auf, erkennen die Schönheit des Perfekten im Unperfekten der Natur. Viel besser, als sitzend in einem sterilen Raum zu arbeiten, kann die Bewegung in der Natur sehr inspirierend und geradezu problemlösend sein. Nach einer Konfliktmoderation frage ich häufig die beiden Parteien, ob sie nicht gemeinsam einen Spaziergang machen möchten, und das wird meistens auch dankbar angenommen. Nur zu zweit gehen sie dann für eine Weile draussen spazieren. Wenn sie dann wieder zurückkommen, sind sie meist gelassener, ruhiger. Das hat auch damit zu tun, dass man einander beim Gehen nicht zwingend in die Augen sehen muss. Das macht es einfacher, auch über schwierigere Punkte zu sprechen. Im Nebeneinanderhergehen bleibt jedem ein Fluchtweg offen, was psychologisch gesehen Sicherheit bietet. Und ausserdem verändert sich durch das Gehen auch die Atmung und alles, der ganze Organismus, aber auch die Gedanken, gerät wie in eine Art Flow.

«Man sieht nur mit dem Herzen gut»

Dieser Schlüsselsatz aus Saint-Exupérys Weltbestseller *Der kleine Prinz* ist uns bereits begegnet. Aber was bedeutet er? Er bedeutet, dass wir, wenn wir nicht mit dem Herzen hinschauen, vieles einfach nicht sehen können. Ich hatte eine Grosstante, die schon recht betagt war und die ich einmal besuchen wollte. Zum Besuch wollte ich ihr Blumen mitbringen, es dauerte jedoch ewig, bis ich einen Blumenladen fand. Als ich dann schlussendlich bei ihr ankam, mich für die Verspätung entschuldigte und ihr erzählte, dass ich einfach lange nach einem Laden gesucht hatte, sagte sie: «Weisst du, ich hätte mir gewünscht, du wärst ohne Blumen gekommen und wir hätten die Zeit, in der du einen Laden gesucht hast, füreinander gehabt.» Dieser Satz ist mir nach über dreissig Jahren noch präsent. Immer wieder habe ich mich gefragt: «Mal ehrlich, kam dir die lange Suche nach dem Blumenladen in Wirklichkeit nicht auch gelegen, um dadurch den Besuch etwas abzukürzen und dich so vor den Antworten auf ihre Sorgen und Nöte, die das Alter mit sich bringt, zu drücken? War es vielleicht tatsächlich nur Ausdruck deiner Ohnmacht und Angst davor, dem, was sie in ihrem letzten Lebensabschnitt bedrückte, nur mit leeren Phrasen und Worthülsen begegnen zu können?» Und ich muss gestehen, ja, so war es. Die Dinge, die sie mir vielleicht noch auf meinen Weg mitgeben wollte, oder (Lebens-)Fragen, die sie mir stellen wollte, war ich nicht bereit entgegenzunehmen.

Gerade wenn man älter wird, ist die gemeinsam verbrachte Zeit etwas vom Kostbarsten, das es gibt. Und zwar Zeit, in der man wirklich auch aufmerksam und mit ganzem Herzen dabei ist, statt mit seinen Gedanken schon wieder ganz woanders zu sein. Das aber ist oft gar nicht so einfach, vor allem wenn man eine Position innehat, in der ein Termin den nächsten jagt, was ja bei Managern meist der Fall ist. Häufig erlebe ich daher, dass sie sogar ihre privaten Termine straff durchorganisiert haben – wie im Job. Wie aber sollen sie sich so ganz auf das Hier und Jetzt eines Gesprächs einlassen, auf all die schönen Gedanken und Gefühle, die dabei entstehen können? Oder vielleicht wollen sie dies ja auch gar nicht, denn solche Gespräche könnten durchaus auch mal eine Wendung nehmen, die nicht vorhersehbar ist und sich daher am Ende auch nicht mehr kontrollieren lässt. Denn was gibt es für Männer in Managementpositionen Bedrohlicheres als gerade ein solcher Kontrollverlust?

Aber was könnte schon passieren, wenn wir unserem eigenen Herzen folgen? Ich selbst habe im Alter von 51 Jahren noch einen riesigen Schritt gewagt: Ich habe mich ganz selbstständig gemacht. Ich hatte damals einen sicheren Job und von aussen betrachtet wäre dieser Schritt also gar nicht nötig gewesen. Ausgelöst wurde er durch eine entscheidende Frage meines damaligen Chefs Dominic Zuffellato: «Wo siehst du dich in fünf Jahren? Ich selbst kann dich nicht mehr weiterentwickeln.» Mit dieser einen Frage ging ich nach Hause. Nach zwei Tagen innerer Unruhe wusste ich, ich muss es tun. Ich bin einfach meinem Herzen gefolgt. Möglicherweise denken Sie jetzt, dass das wohl etwas naiv gewesen sei. Und tatsächlich hörte ich aus meinem Freundes- und Bekanntenkreis nicht nur Motivierendes wie etwa: «Cool, denn wenn nicht du, wer dann?», nein, da waren durchaus auch die kritischen Stimmen, die sagten: «Diesen Mut hätte ich nie», «Sorry, aber du gibst einen gut bezahlten Job auf?!», «Warum tust du dir das an, du könntest dich doch jetzt langsam auf deine Pension vorbereiten». Damals habe ich etwas losgelassen, ohne zu wissen, was kommen wird, und ich wusste, wenn ich diese Tür jetzt zuschlage, gibt es kein Zurück. Inzwischen bin ich in meinem fünften Jahr der Selbstständigkeit. Noch keinen Tag habe ich diesen Schritt bereut.

Zu oft hält uns der Gedanke an Sicherheit davon ab, etwas zu wagen, einen Schritt vorwärtszugehen und etwas auszuprobieren. Die Angst vor einer grossen Veränderung und dem mit ihr verbundenen Risiko, möglicherweise zu versagen, ist häufig zu gross. Ich will damit natürlich auch nicht dafür plädieren, von heute auf morgen plötzlich alles stehen und liegen zu lassen, keineswegs; um was es mir vielmehr geht, ist, deutlich zu machen, dass auch schon kleine Veränderungen im Leben dazu führen können, ihm wieder mehr Würze und Schwung zu verleihen.

Selbstreporting

Jeden Tag werden unzählige Reportings erstellt. Manche geben Anlass, um darüber zu schimpfen, andere laden zum Prahlen ein und wieder andere werden gleichgültig hingenommen. Ich frage mich manchmal, wie oft eigentlich ein Reporting vom eigenen Leben erstellt wird. Wie oft Kosten, Nutzen, Umsatz, Absatz und Fehlzeiten vom eigenen Ich aufgelistet werden. Das hätte zwei Vorteile: Zum einen wäre es Anlass für eine gründliche Selbstreflexion, zum anderen ein nützliches Frühwarnsystem. Es gibt viele und auch sehr einfach in den Alltag zu integrierende Möglichkeiten, in Auseinandersetzung mit sich selbst zu kommen und sich so ein Bild vom eigenen Leben zu machen.

Ich spiele, wie bereits erwähnt, seit Jahren in einem Laientheater und durfte dabei in den verschiedensten Stücken auch ganz unterschiedliche Rollen verkörpern. Um eine Rolle im Theater aber auch gut und glaubhaft verkörpern zu können, gilt es, sich mit den Charaktereigenschaften, der Haltung, der Körpersprache und der Grundemotion der entsprechenden Figur auseinanderzusetzen. Daher überlegen wir im Vorfeld immer gemeinsam, wie wir mit den anderen Mitspielern in Interaktion treten müssen, damit auch die unterschiedlichen Charaktere des jeweiligen Stücks deutlich zum Vorschein kommen. Ganz wichtig ist dabei auch, zu definieren, welche Requisiten zum Einsatz kommen und wie diese eingesetzt werden sollen.

Was heisst das nun übertragen auf das Leben? Wenn Sie einmal, gleich einem Regisseur, die verschiedenen Rollen, die Sie in Ihrem Leben einnehmen, von aussen betrachten – wie klar sind diese definiert? Sind Ihre Haltung, Körpersprache, Grundemotion jeweils stimmig? Machen die Handlungsmuster, die Sie im Laufe der Jahre in Ihrer Rolle verinnerlicht haben, heute noch Sinn? Welche Requisiten sind längst verstaubt und sollten unbedingt ausgetauscht werden? Und übertragen auf unsere Krisenkompetenz: Wen haben Sie in der Rolle der Souffleuse, wenn mal gar nichts mehr geht? Haben Sie eine solch gute Seele an der Hand, die Ihnen behutsam und mit

Fingerspitzengefühl über einen Texthänger hinweghilft und Sie durch ein blosses Stichwort in Ihre Rolle zurückfinden lässt? Auch wenn sie selten zum Einsatz kommt, tut es doch gut zu wissen, dass sie da ist, um Pannen zu verhindern.

Was ich in Firmen immer öfter erlebe, ist, dass die Teams am Abend eine Art Debriefing durchführen. Dafür reichen dann meist einfache Fragen wie: «Was lief gut, wo sind wir gestolpert, wofür sind wir dankbar, was hätten wir uns voneinander gewünscht?» Danach verlässt man den Arbeitsplatz mit dem positiven Gefühl, die notwendigen Dinge offen und ehrlich angesprochen und damit den Teamgeist gestärkt zu haben. Ein Team hat z. B. eine Box mit vielen verschiedenen Selbstreflexionsfragen eingeführt. Jeden Abend wird eine Frage gezogen und diese gemeinsam beantwortet. Oder ein anderes Team, das immer zusammen Nachtschicht hat und um 2.00 Uhr Kaffee trinkt und diese Pause bewusst als Feedbackrunde nutzt. Und wenn einmal nichts ansteht, das es zu bereden gilt, geniessen sie einfach nur den Kaffee und plaudern miteinander. Einzelne Mitarbeiter nehmen aber auch vor dem Schlafengehen ein Notizbuch zur Hand und notieren sich, was bei der Arbeit gut gelaufen ist und wofür sie am heutigen Tag dankbar sind.

Und Dankbarkeit ist hier auch das entscheidende Stichwort, denn sie hat etwas mit Demut zu tun. Ja, wir geben uns Mühe, wir beissen die Zähne zusammen, wir tun oft mehr, als wir können – und wenn es sein muss, auch noch nachts –, um etwas zu erreichen. Und wenn das erwünschte Ziel erreicht ist, sind wir stolz – natürlich. Aber gleichzeitig sollten wir auch dankbar sein. Denn wir können nur etwas erreichen, wenn die Umstände, in denen wir leben, dies ermöglichen, wenn Menschen uns unterstützen, damit wir freie Kapazitäten haben, wenn das Glück und die Gesundheit auf unserer Seite sind. Vielfach schenken wir unserer Gesundheit wenig Beachtung. In jungen Jahren rennen wir oft mit der Gesundheit dem Geld nach und später mit dem Geld der Gesundheit. Gesund zu sein nehmen wir jahraus, jahrein als gegeben hin. Dass es eines Tages urplötzlich anders sein kann, ist uns oft nicht bewusst oder wir verdrängen es.

Im Jahr 2006, es war ein ganz gewöhnlicher Tag, war ich mit meinem Auto in einer Werkstatt, um die Reifen wechseln zu lassen. Endlos scheinende Wartezeit, Kaffeetrinken, nutzloses Herumstehen, – bis plötzlich mein Handy klingelte. Am anderen Ende war meine Schwester Brigitte. Sie rief mich aus dem Spital an und teilte mir in aller Seelenruhe mit, dass die Ärzte eine Diagnose gestellt hätten. Sie leide an Multipler Sklerose. Das erkläre nun alles, sagte sie nur. Ich aber war wie vom Blitz getroffen. Denn wie oft im Leben ist es doch so, dass man sich über ganz banale Dinge ärgert, über die Warteschlange an der Kasse, die rote Ampel, über die Post der Steuerverwaltung, und auf einmal passiert etwas, das alles verändert und einen zurückwirft auf das, was wirklich zählt im Leben. Eines Tages fragte ich meine Schwester: «Sag mal, gibt es auch irgendetwas Positives, das du deiner Krankheit abgewinnen könntest?» Eine provokante Frage, ich weiss. Sie aber antwortete, ohne länger zu überlegen: «Es hat unsere Familie näher zusammengebracht.»

Aber braucht es im Leben tatsächlich immer gleich solche Schicksalsschläge, um uns wieder dahin zurückzuführen, wo unser eigentliches Fundament liegt? Ich bewundere Brigitte, wie sie mit dieser Krise umgeht. Sie sagt und meint es wirklich auch so: «Ich bin froh, dass ich im Leben nie etwas auf später verschoben habe. All die Reisen, vor allem die Expedition in die Antarktis, die eines meiner schönsten Erlebnisse war, kann mir niemand mehr nehmen. Heute würden mir meine Beine einen Strich durch die Rechnung machen.» Nun macht sie stattdessen mit ihrem Ehemann René und dem «Ueli» – ihrem Wohnmobil – Ausflüge und erkundet die umliegenden Regionen.

Ein Selbstreporting ist den meisten Menschen unangenehm. Wenn Sie dieses Buch bis hierher gelesen haben, sind Sie bereits auf einige Stellen gestossen, an denen Sie mit selbstreflektierenden Fragen konfrontiert wurden. Solche Fragen stelle ich auch oft den Teilnehmern meiner Seminare. Wenn ich ihnen dann die nötige Zeit gebe, um sich damit zu beschäftigen, werden viele schon nach fünf Minuten nervös und sagen, sie seien fertig. Gehören auch Sie zu denjenigen, die mit solchen Fragen innerhalb von fünf Minuten fertigwerden? Oder sind Sie vielleicht so schnell, weil auch Sie die Frage, was Ihnen wirklich wichtig ist im Leben, Überwindung kostet und Sie es am liebsten gar nicht so genau wissen möchten? Doch auch wenn Ihr Kopf solchen Fragen ausweichen kann und dafür auch die nötigen Strategien entwickelt, so wird Ihr Herz Sie dennoch immer wieder darauf stossen. Also, stellen Sie sich diesen vermeintlich unangenehmen Fragen, denn sie erst werden Ihnen zeigen, wer Sie wirklich sind.

In der eingangs erzählten Geschichte über Lang Lang habe ich Ihnen ein Beispiel gezeigt, dass sich Erfolg häufig nur unter Schmerz und Verlust einstellt. Man mag mit den Erziehungsmethoden seines Vaters nicht einverstanden sein, doch ohne seine ganze Fokussierung auf den Sohn stünde dieser heute nicht da, wo er steht. Machen Sie sich also bewusst, dass auch Ihr Erfolg etwas kostet.

Check-up
Lieber Leser: Ich lade Sie ein, machen Sie einen Spaziergang und stellen sich dabei folgende Fragen:
«Wer bin ICH?»
«WER bin ich?»
«Wer BIN ich?»

KAPITEL 5
HAND

Ein Hochschulstudium? Hatte er nicht. Er studierte eine Zeitlang als eingeschriebener Student (sechs Monate) und eine Zeitlang ohne Immatrikulation (18 Monate). Seine Adoptiveltern, die beide keinen Hochschulabschluss hatten, versprachen seiner leiblichen Mutter, dass ihr Sohn einmal das College besuchen sollte. Das College, das er sich aussuchte, war allerdings immens teuer, sodass die Ersparnisse seiner Eltern für dessen Besuch komplett aufgebraucht wurden. Nachdem die ersten sechs Monate vorbei waren, reflektierte er seine Situation und sah einfach keinen Sinn darin, so weiterzumachen wie bisher. Noch immer hatte er nicht den leisesten Schimmer, was er beruflich machen wollte, und sah auch nicht, wie die Universität ihn bei dieser Entscheidung unterstützen könnte. Trotz des Verlusts aller Ersparnisse der Adoptiveltern exmatrikulierte er sich. Das gab ihm die Freiheit, nur noch diejenigen Kurse zu besuchen, die ihn interessierten, und nicht mehr all jene, die auf seinem Studienplan standen. Er übernachtete bei Freunden, weil er sich kein Zimmer leisten konnte, er sammelte Pfandflaschen, um ein bisschen Geld zu verdienen, sodass er sich etwas zu essen kaufen konnte. Kein Kurs, den er in dieser Zeit besuchte, passte zum anderen, und es war auch sehr unwahrscheinlich, dass ihm das Wissen, das er sich dabei aneignete, jemals etwas nützen würde. Doch er dachte sich, dass sich schon alles fügen würde.

In der Garage seiner Eltern startete er mit einem Freund im Alter von 20 Jahren ein Unternehmen. Sie arbeiteten hart und standen nach zehn Jahren sehr gut da – doch dann wurde er gefeuert: Seine Zukunftsvision wurde von der übrigen Chefetage nicht mitgetragen und so schied er aus. Das, was ihm bislang das Wichtigste in seinem Lebens war, war von einem Tag auf den anderen einfach vorbei. Einige Monate war er ratlos. Doch irgendwann wurde ihm bewusst, dass er immer noch das liebte, was er die letzten Jahre getan hatte, deshalb fing er von Neuem an. Der Druck, erfolgreich zu sein, wich der Leichtigkeit eines Anfängers. Das neue Unternehmen, das er gegründet hatte, wurde ebenfalls sehr erfolgreich, sodass es eines Tages von seiner alten Firma aufgekauft wurde – er war wieder im Spiel und wurde zu einem der erfolgreichsten und bekanntesten Unternehmer der Welt. Leider verstarb der grossartige Steve Jobs am 5. Oktober 2011 an Krebs. Was er uns als Erbe hinterlässt, sind das Vertrauen und der Glaube daran, dass dank der Zuversicht und der Liebe zu dem, was man innig tut, sich die Dinge fügen werden.

5.1 Hand-Menschen

Kennen Sie jemanden, der Regale aufbaut, technische Geräte zusammensteckt und dazu nie die Gebrauchsanweisung liest? Es ist vermessen, hier eine Ferndiagnose zu stellen, aber in diesem Fall wage ich zu sagen: Es könnte sich um einen typischen Hand-Menschen handeln. Sie nehmen die Dinge «in die Hand» – und zwar im wahrsten Sinne des Wortes –, haben den Drang, herauszufinden, wie etwas funktioniert, und versuchen es dann auch einfach. Sie lernen im Tun. Sie haben, wie man so schön sagt, keine zwei linken Hände. Ein Kopf-Mensch geht anders an die Dinge heran: Er liest sich ein, denkt logisch darüber nach, erfasst gedanklich die Zusammenhänge und Funktionen und weiss, bevor er auch nur etwas angefasst hat, um was es geht. Die Herz-Menschen dagegen würden vermutlich jemanden fragen, der sich damit auskennt, und die Sache im Miteinander angehen.

Einfach machen

Hand-Menschen sind also praktische und häufig auch pragmatische Menschen. Viel reden, viel nachdenken? Nein, danke, lieber machen und ins Tun kommen. In Seminaren lassen sich die verschiedenen Typen am ehesten daran erkennen, wie sie mit Aufgabenstellungen umgehen. Hand-Menschen lesen vielleicht die erste Zeile oder den ersten Satz der Aufgabenbeschreibung, schauen auf YouTube ein paar Sekunden eines DIY-Videos (Do it yourself) an und legen los. Der Kopf-Mensch dagegen liest sich die Aufgabe wahrscheinlich sogar zwei Mal durch, um sicherzugehen, dass er alles verstanden hat. Der Herz-Mensch sucht sich ein Team, in dem dann Aufgaben verteilt oder gemeinsam gelöst werden.

Der grosse Vorteil von Hand-Menschen ist also, dass sie viel schneller ihre Hände einsetzen. Statt lange darüber nachzudenken, machen sie und packen häufig auch als Führungspersonen mit an. Sie krempeln die Ärmel hoch und gehen ganz pragmatisch vor. Das Stillsitzen und Zuschauen fällt ihnen schwer. Ob wir herz-, kopf- oder handorientierte Menschen sind, beeinflusst meistens gar nicht so sehr das Ergebnis, sondern nur den Weg dahin. Trotzdem bieten diese Unterschiede immer wieder Stoff für Konflikte. Gibt es im Team eines Hand-Menschen auch Kopf- und Herz-Menschen, kann es schnell einmal heissen: «Warum wird das jetzt einfach so gemacht?» Denn die Herz-Menschen werden nicht verstehen, wieso nicht jeder seine Wünsche einfliessen lassen kann, und die Kopf-Menschen wünschen sich eine bessere Recherche und durchdachte Konzepte.

Wenn Sie sich selbst als einen Hand-Menschen charakterisieren oder auch einen Kollegen oder jemanden in Ihrer Familie oder Ihrem Freundeskreis als einen solchen identifizieren, dann haben Sie genau jetzt die Chance, sich selbst und/oder andere besser zu verstehen und damit auch möglichen Konflikten in Beruf und Alltag vorzubeugen.

5.2 Tools aus der Werkzeugkiste

«Wer als Werkzeug nur einen Hammer hat, sieht in jedem Problem einen Nagel.» Diese Aussage des berühmten Kommunikationswissenschaftlers und Psychotherapeuten Paul Watzlawick will bekanntlich ein Doppeltes zum Ausdruck bringen. Zum einen: Wir werden immer nur so weit zu handeln in der Lage sein, wie es unsere eigenen Fähigkeiten zulassen. Zum anderen, und das ist der viel wichtigere Aspekt: Wer mit Problemen und Krisensituationen konfrontiert ist, wird die Ursache dafür immer nur und allein in dem erkennen, was ihm die eigene Methode im Umgang mit solchen Problemen und Krisen nahelegt. Wer dafür also nur ein Werkzeug zur Verfügung hat, wird stets auf dieselbe (vermeintliche) Ursache stossen. Vereinfacht und etwas plakativ lässt sich dies an einem Beispiel deutlich machen: Wer an chronischen Rückenschmerzen leidet, wird selbstverständlich zunächst zu seinem Orthopäden gehen und dieser wird dann die obligatorische MRT vornehmen lassen und danach eine entsprechende Rückengymnastik verordnen. Lassen die Schmerzen aber dann immer noch nicht nach, beginnt meist eine regelrechte Odyssee, denn nun könnten plötzlich andere Ursachen oder wahrscheinlich mehrere Ursachen zusammen der Grund für das Problem sein (Stress, zu wenig Bewegung, falsche Ernährung, psychische Belastungen etc.). Jeder der entsprechenden Spezialisten wird sich nun wieder mit seiner Methode auf eine Ursache fokussieren, wobei aber klar sein dürfte, dass die Lösung nur in einem Zusammenspiel der verschiedenen Methoden – bzw. in diesem Fall der verschiedenen Therapien – liegen kann.

Übertragen auf Ihre Führungskompetenz im Berufsalltag bedeutet dies, dass Ihre Werkzeugkiste ein ganzes Set an Tools enthalten sollte, damit Sie für jedes Problem gewappnet sind und die bestmögliche Lösung parat haben. Die nützlichsten Tools dafür möchte ich Ihnen daher im Folgenden an die Hand geben.

Kommunikation (Co-Active®-Coaching-Modell)

Wir kommunizieren tagtäglich, und auch wenn wir nichts sagen, kommunizieren wir. Welche Kommunikationskultur im Unternehmen, zu Hause oder unter Freunden pflegen Sie?

Gelingende Kommunikation hat in erster Linie mit der Fähigkeit des Zuhörens zu tun. In Kapitel 1.1 haben wir dieses Thema bereits kurz angeschnitten. Schauen wir uns hier also die drei Ebenen des Zuhörens etwas genauer an (Co-Active®-Coaching-Modell). Das Problem ist ja meist, dass wir eigentlich zuhören wollen, uns dabei aber oft unsere eigenen Gedanken und Wünsche im Wege stehen.

Co-Active®-Coaching-Modell
Ebene 1 – inneres Zuhören
Auf dieser Ebene hören wir eigentlich nur unseren eigenen inneren Stimmen zu und diesen gilt dann auch unsere komplette Aufmerksamkeit. Zwar nimmt man auf dieser Ebene die Worte der anderen Person wahr, aber was zählt, sind allein die eigene Meinung, Geschichte, Beurteilung sowie die eigenen Gefühle, Bedürfnisse und Probleme.

Ebene 2 – fokussiertes Zuhören
Beim fokussierten Zuhören konzentriert man sich voll und ganz auf das Gegenüber und das, was wirklich gesagt wird. Die gesamte Aufmerksamkeit geht also in eine einzige Richtung und der eigene innere Dialog bleibt dabei ausgeblendet.

Ebene 3 – globales Zuhören
Wenn wir global zuhören, umfassen wir das Gegenüber in seiner Gesamtheit. Wir sind uns dessen bewusst, dass es eine Energie zwischen der eigenen Person und dem Gegenüber gibt. Deshalb spüren wir, wenn sich diese Energie verändert, etwa an den gezeigten Emotionen, der Körpersprache, den Gesten und der Tonlage der Stimme des Gegenübers. All dies lässt uns bei allem, was es sagt, auch das Nichtgesagte heraushören und die daraus folgenden Konsequenzen abschätzen. Wir haben also ein echtes Interesse daran, was das Gegenüber denkt, fühlt und was die Motivation für sein Handeln ist.

Auf welcher dieser drei Ebenen kommunizieren Sie meistens? Beobachten Sie sich und finden Sie Strategien, wie Sie zwischendurch auch zum globalen Zuhören gelangen können.

Froschmetapher

Wie gut gelingt es uns, die Dinge beim Namen zu nennen? Offen und direkt? Oft warten wir auf den richtigen Moment. Doch der scheint irgendwie nie zu kommen. Man findet tausend Gründe, die einen dazu einladen, noch ein Weilchen zu warten. Im Privaten sind es vielleicht das bevorstehende Familienfest und die anschliessenden grossen Sommerferien. Unvorstellbar, also gerade jetzt die schwachen Schulleistungen der Tochter zum Thema zu machen. Und im Büro ist es natürlich suboptimal, gerade jetzt mit Herrn Keller die Einsparmassnahmen durchzusprechen, der schuldet Ihnen ja noch den Statusbericht fürs Steering Board. Wie oft ist es also viel bequemer, salopp über die Dinge hinwegzusehen und sich einzureden: «Hat ja alles nicht höchste Priorität.» Aber wann springt der Frosch?

Sie setzen einen Frosch in einen Topf mit Wasser. Diesen stellen Sie auf eine Herdplatte und schalten sie an. Bei wie viel Grad wird der Frosch herausspringen? Was meinen Sie? Bei 25, 30, 40 oder bei 50 Grad? Ich sag's Ihnen: gar nicht. Er wird nicht herausspringen. Und warum? Weil er sich langsam an die steigende Temperatur gewöhnt hat, sodass er gar nicht merkt, dass es schon viel zu heiss für ihn ist.

Falls Sie es testen wollen, dann bitte nicht mit dem Frosch. Es ist nur eine Metapher. Sie dürfen es gerne versuchen, wenn Sie sich das nächste Mal ein Bad gönnen. Legen Sie sich in die Wanne bei 30 Grad und lassen Sie heisses Wasser einlaufen. Sie werden es bestimmt bis 39 Grad aushalten. Dann versuchen Sie beim nächsten Mal direkt ins 39 Grad warme Wasser zu steigen. Ich wette mit Ihnen, Sie erkennen einen Unterschied.

Wenn Sie Ihr Privat- und Berufsleben scannen – entdecken Sie da irgendwo Grauschleier oder Schatten? Wo erkennen Sie Klärungs- und Handlungsbedarf? Liegt alles noch im grünen Bereich oder kippt es bereits in den orangefarbigen Bereich? Oder ist gar schon Alarmstufe Rot angesagt? Welche Temperatur hat das Wasser, in dem Sie gerade schwimmen?

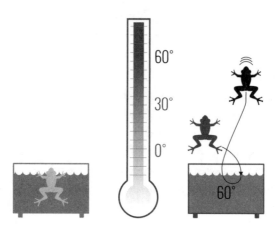

Abb. 8: Froschmetapher. Eigene Darstellung

Feedback geben

Ich erlebe immer wieder, wie schwierig es sein kann, ein konstruktives Feedback zu geben. Deshalb verzichten auch viele Führungskräfte einfach gleich ganz darauf und andere geben es nur, weil sie es müssen. Dabei kann ein richtig gesetztes Feedback unglaublich viel bewegen. Voraussetzung dafür ist allerdings, dass zusammen mit dem Feedback auch eine entsprechende Emotion transportiert wird. Deshalb hier ein kleiner Leitfaden:

1. Schritt

Im ersten Schritt bringen Sie den beobachteten Sachverhalt zur Sprache, indem Sie z. B. sagen: «Ich habe festgestellt, dass Sie diese Woche zweimal unpünktlich zur Arbeit erschienen sind».

2. Schritt

Lassen Sie Ihre Emotionen in die Aussage miteinfliessen: «Das enttäuscht mich/macht mich traurig/wütend».

3. Schritt

Äussern Sie dann Ihre entsprechende Bitte oder Ihren Wunsch: «Weil mir unsere gute Zusammenarbeit wichtig ist und weil ich auf Sie zähle, erwarte ich, dass Sie ab morgen wieder pünktlich kommen.»

Wenn Sie jetzt denken, dass Sie in dieser Situation auch einfach sagen könnten: «Du bist zweimal zu spät gekommen, das geht gar nicht», ist das natürlich auch eine Variante. Diese Aussage mag ja objektiv betrachtet völlig zutreffend sein, doch wenn sie nicht mit einem emotionalen Aspekt verbunden wird, kann das nur dazu führen, dass der Betreffende gleich eine innere Abwehrhaltung einnimmt. Ganz anders ist es, wenn Sie etwa sagen: «Ich habe festgestellt, dass Sie diese Woche zweimal unpünktlich zur Arbeit erschienen sind. Was hat dazu geführt?» Hier wird das Gegenüber Ihre emotionale Anteilnahme spüren und daher auch leichter bereit sein, über die Gründe seines Zuspätkommens zu sprechen. Das Gespräch wird sich dann in eine ganz andere Richtung entwickeln.

Wie wir durch Sprache wirken können

Dass Worte eine Wirkung haben, dessen sind wir uns oft gar nicht bewusst. Wie oft hören wir Sätze wie: «Dafür bin ich nicht zuständig», «Das geht heute nicht», «Da kann man nichts machen», «Das ist nicht mein Problem»? Lassen Sie einmal diese Sätze auf sich wirken. Wie anders und viel schöner klingen dagegen doch Sätze wie: «Herr Müller ist Experte für Ihr Anliegen, er wird sich der Sache gerne annehmen», «Das werde ich morgen gerne für Sie als Erstes klären», «Folgende Lösung möchte ich Ihnen empfehlen», «Wir finden gemeinsam eine gute Lösung».

Ich darf oft in Hotels Seminare durchführen, bei denen der Auftraggeber dann auch das Mittagessen spendiert. Um 12 Uhr könnte ich sagen:

Version A: «Es ist 12 Uhr, dann gehen wir jetzt zum Mittagessen.»

Version B: «Es ist 12 Uhr, die Firma XY lädt Sie nun herzlich zum Mittagessen ein.»

Spüren Sie einmal in sich hinein, ob es für Sie einen Unterschied macht, wie die Mittagspause in einem Seminar eingeleitet wird. Aus meiner eigenen Erfahrung kann ich sagen: Bei Version B wird sogar manchmal geklatscht und die Einladung mit vielen Ohs und Ahs begleitet.

Übertragen auf Ihre Performance-Gespräche könnte das so aussehen:

Version A: «Von unserem Ziel 100 haben wir erst 20 erreicht – es fehlen noch 80. Also, gebt Gas und erreicht endlich dieses Ziel.»

Version B: «Von unserem Ziel 100 haben wir schon 20 erreicht. Wie ist es uns gelungen, diese 20 zu erreichen? Welche Ressourcen haben uns dabei unterstützt? Welche Talente sind zum Einsatz gekommen? Welche unserer Massnahmen haben dabei vor allem gegriffen? Worauf sind wir stolz? Was wäre ein nächster sinnvoller Schritt auf dem Weg zum Ziel? Wie wollen wir uns organisieren?»

Sie sehen: Wörter haben ihre Wirkung – nutzen Sie sie.

Das Drama-Dreieck

Dieses Modell stammt von dem amerikanischen Psychologen Stephen Karpman. Er geht darin davon aus, dass die Beteiligten (mindestens zwei) an einem Konflikt, einer Auseinandersetzung oder schlicht im zwischenmenschlichen Miteinander häufig die Rolle des Opfers, des Verfolgers/Täters oder des Retters einnehmen, wobei allerdings diese Rollen im Verlauf des «Dramas» auch wechseln können.

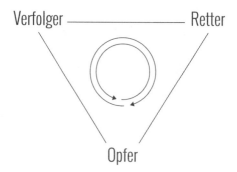

Abb. 9: Das Drama-Dreieck. Eigene Darstellung nach Karpman: Fairy tales and script drama analysis

Je nachdem, welche Rolle die Beteiligten einnehmen, erfüllen sie auch die Regeln und Erwartungen, die mit ihr verknüpft sind. Sie «spielen» also gewissermassen unwillkürlich und aus einer inneren Notwendigkeit heraus diese Rollen, «sind» aber nicht wirklich Opfer, Verfolger/Täter oder Retter.

Um das zu verdeutlichen, stellen wir uns vor, dass ein Chef ein hitziges Gespräch mit seinem Mitarbeiter führt und am Ende zu ihm sagt: «Wenn Ihnen das nicht passt, da ist die Tür.» Der Chef nimmt also klar die Verfolger-/Täterrolle ein. Was also wird der Mitarbeiter, der vielleicht 58 Jahre alt ist und damit schlechte Aussichten auf einen neuen Job hat, daraufhin tun? Wahrscheinlich sitzen bleiben und sich entschuldigen. Er nimmt also die Opferrolle ein, damit er seinen Job behalten kann. Zurück am Arbeitsplatz erzählt der dann einem Kollegen davon, der nun wiederum gern die Rolle des Retters einnimmt, ihm gut zuredet und womöglich auch die Gewerkschaft informiert. Diese interveniert und stellt den Chef zu Rede, wodurch dieser nun zum Opfer, sie aber zum Verfolger/Täter wird. So nimmt das Spiel seinen Lauf. Aus dem Drama-Dreieck gibt es also nur dann ein Entrinnen, wenn einer das Spiel nicht mehr mitspielt. Ansonsten kann es beliebig lang weiterlaufen.

Was ich sehr oft erlebe, ist, dass vor allem neue und jüngere Führungskräfte sich auf dieses Spiel einlassen. Sie kommen als Vorgesetzte in ein Team, wollen empathisch wahrgenommen werden und tun dafür alles – und noch mehr. Sogar sich ‹verführen› lassen. Wenn die Mitarbeitenden Dinge durch die Blume ansprechen, etwa im Sinne von: «Man sagt über die Kollegin, dass ...», oder: «Der Kollege erledigt die Aufgaben nicht ...», so fordern in diesen Situationen die Körpersprache und der Ton den Chef auf, etwas zu unternehmen. Schliesslich ist er ja der Chef.

Oder passiert es Ihnen auch immer wieder, dass die Mitarbeitenden häufig die gleichen Fragen stellen wie z. B.: «Wie soll ich das oder jenes tun?», und erwischen Sie sich dann dabei, wie Sie zu sich selbst sagen: «Das hättest du dir aber selbst beantworten können»? Dann

Achtung, denn der entscheidende Punkt ist hier: Solange Sie in der Retterrolle bleiben, ist es für das «Opfer» bequem, in seiner Opferrolle zu verharren. Es gibt ja keinen Grund, diese zu verlassen. Was aber würde sich verändern, wenn Sie stattdessen den Mitarbeiter fragten: «Wie würdest du dir die Frage beantworten?», «Was hast du bereits unternommen, um die Antwort herauszufinden? Mit welchem Ergebnis?», «Wie würdest du vorgehen, wenn ich heute nicht da wäre?»

Wie Sie feststellen, sind diese Fragen für den Mitarbeiter zwar ungemütlich, geben ihm jedoch die Gelegenheit, Selbstverantwortung zu übernehmen. Muten Sie ihm zu, dass er das kann. Als Führungskraft haben Sie es in der Hand, auch mal in die Rolle des «Verfolgers/Täters» zu schlüpfen und den Mitarbeiter mit unangenehmen Fragen dazu einzuladen, einen Lernschritt zu tun. Trauen Sie ihm zu, dass er die Situation eigenständig lösen kann, lassen Sie ihn nicht in der «Opferrolle», indem Sie ihm zum wiederholten Male einen rettenden Vorschlag unterbreiten.

Mögliche Fragen an sich selbst:

» In welchen beruflichen und privaten Situationen nehme ich tendenziell welche Rollen innerhalb des Drama-Dreiecks ein?
» Woran erkenne ich, dass ich mich im Spiel des Drama-Dreiecks verfangen habe?
» Wie denke, fühle und handele ich in der entsprechenden Rolle des Drama-Dreiecks?
» Welche Worte/Sätze verwende ich häufig in der entsprechenden Rolle als Verfolger/Täter, Retter oder Opfer?
» Wie ist es mir schon einmal gelungen, bewusst aus dem Drama-Dreieck auszusteigen?

Transaktionsanalyse (TA)

Dieses Modell erläutere ich in meinen Seminaren gerne mit dem uns allen bekannten Satz: «Der Müllsack steht immer noch hier.» Auf diese Aussage können wir aus ganz unterschiedlichen Haltungen heraus reagieren. Nach der Transaktionsanalyse gibt es sechs

Haltungen und die Kommentare zu diesem Satz könnten dann diesen entsprechend folgendermassen lauten:

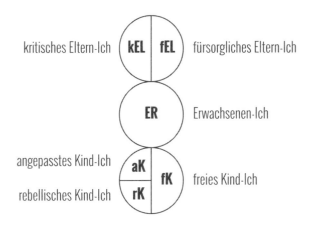

Abb. 10: Funktionsmodell der Ich-Zustände nach Berne: Transaktionsanalyse der Intuition, S.178 ff.

Kritisches Eltern-Ich: «Was fällt dir ein, mir Befehle zu geben? Weisst du eigentlich, mit wem du sprichst?»

Fürsorgliches Eltern-Ich: «Ich bringe ihn raus, kümmere dich nicht drum, du solltest dich entspannen.»

Erwachsenen-Ich: «Danke, dass du mich daran erinnert hast.»

Angepasstes Kind-Ich: «Wieso passiert mir das immer wieder? Ich bin so vergesslich, ich bitte tausendmal um Entschuldigung.»

Rebellisches Kind-Ich: «Du hast doch auch zwei Beine.»

Freies Kind-Ich: «Oh, hat der Müllsack keine Füsse?»

Dieses Modell wurde von dem Psychiater Eric Berne entwickelt mit dem Ziel, Menschen Konzepte zur Verfügung zu stellen, wie sie erstens ihre eigene Wirklichkeit reflektieren können und wie sie zweitens diese selbst verändern können.

Kennen Sie ähnliche Situationen aus Ihrem Führungsalltag? Wie könnte die Reaktion Ihrer Mitarbeiter auf die Frage: «Wie weit bist du mit dem Projekt?», aussehen? Etwa so:

Kritisches Eltern-Ich: «Mein Kalender zeigt, dass wir heute erst den 15. Oktober haben, und nach meiner Berechnung bleiben mir noch gut zwei Wochen Zeit.»

Fürsorgliches Eltern-Ich: «Du machst dir Gedanken, dass es uns nicht gelingen könnte, den Zeitplan einzuhalten. Ist nett von dir, brauchst du aber nicht.»

Erwachsenen-Ich: «Danke der Nachfrage, ich bin auf Kurs.»

Angepasstes Kind-Ich: «Ich mache so schnell ich kann, aber es könnte knapp werden.»

Rebellisches Kind-Ich: «Du nervst mich mit deinem ständigen Drängeln.»

Freies Kind-Ich: «Das Projekt ist schon bald flügge.»

Wer sich mit der Methode der Transaktionsanalyse im Hinterkopf umschaut, wird also schnell bestimmte Muster der Realitätswahrnehmung und Interaktion seines Gegenübers, aber auch des eigenen Ich erkennen und hat damit auch die Möglichkeit, diese auf eine Weise zu verändern, die er als sinnvoll erachtet.

Rollentausch

Wer sagt denn, dass Sie als Chef immer die Meetings leiten müssen? Ich höre oft von Vorgesetzten, dass sie lange Sitzungen abhalten und es trotzdem nicht schaffen, die Traktandenliste in der geplanten Zeit abzuarbeiten. Und wenn's ganz schlimm kommt, schreiben sie auch noch selber das Protokoll. Wie wäre es denn, wenn die Sitzungsmoderation einmal reihum von den Mitarbeitern übernommen würde? Ihren Input als Chef würden Sie dabei immer noch einbringen können. Theoretisch könnte auch ein Auszubildender die Sitzung leiten. Was wäre der Mehrwert für Sie bzw. für den Mitarbeiter oder das Team? Welche Lernschritte könnten alle dabei machen? Sie selbst lernen, zu delegieren, etwas abzugeben, ohne dass dabei Ihre Chefposition in Frage gestellt wird, und Ihre Mitarbeiter lernen, einmal in Ihre Rolle zu schlüpfen und zu erkennen, was dies bedeutet.

Meier, der Vielredner, hält wieder einmal den vorgegebenen Zeitrahmen nicht ein? Die Schmidt hat nicht vorbereitet, was sie sollte? Hubers ablehnende Haltung zieht die Teamstimmung runter? Ihre Mitarbeiter werden verstehen, was es heisst, in Ihren Schuhen zu stecken. Sie wissen nun, wie es sich anfühlt, mit den verschiedensten Mitarbeitern in Beziehung und auch mal in Konfrontation zu gehen. Sie erkennen, wie es ist, mit einem positiv denkenden Mitarbeiter unterwegs zu sein, und was es mit dem System macht, wenn es unter den Mitarbeitern auch Besserwisser oder demotivierte Personen gibt. Und wenn die Mitarbeiter auch mal selbst am Steuer sind – und sei es nur für die Dauer eines Meetings –, wird ihre Identifikation mit dem Unternehmen automatisch wachsen, einfach weil sie einen Bereich auf Zeit haben, für den sie allein verantwortlich sind. Denn Verantwortung zu übernehmen stärkt das Selbstvertrauen und motiviert. Probieren Sie es aus! Wofür werden Sie die gewonnene Zeit investieren?

Konferenz der Tiere

Es gibt überall Menschen mit unterschiedlichen Charaktereigenschaften. Für den richtigen Umgang mit ihnen kann es hilfreich sein, sie mit einem bestimmten Tierbild zu assoziieren. Die Unterscheidung der Charaktere hat einen Einfluss auf die Beziehungsgestaltung. Welche Charaktere erkennen Sie in der Geschäftsleitersitzung? Und wie können Sie mit ihnen umgehen?

Die Alleswisser:
Lassen Sie die Gruppe zu seinen Behauptungen und Aussagen Stellung nehmen.

Die Positiven:
Nutzen Sie diese Teilnehmer als Stützen in Teamsitzung und Arbeit. Schalten Sie sie auch proaktiv in Diskussionen ein, das ist sehr gewinnbringend.

Die Streitsüchtigen:
Bleiben Sie hier sachlich und ruhig, lassen Sie sich nicht auf Streit ein.

Die Ablehnenden:
Wecken Sie ihren Ehrgeiz und erkennen Sie ihr Know-how und ihre Erfahrung an, so können Sie Nutzen aus ihnen ziehen.

Die Redseligen:
Das sind die klassischen Dazwischenredner. Unterbrechen Sie sie taktisch klug und begrenzen Sie ihre Redezeit.

Die Ausfrager:
Die Schlauen wollen Menschen reinlegen. Geben Sie ihre Fragen zur Stellungnahme an die Gruppe weiter.

Die Uninteressierten:
Fragen Sie sie nach ihrer Arbeit und ihren Interessen und zeigen Sie, dass sie Ihnen wichtig sind. Dann werden Sie ihre Rolle ändern.

Die Erhabenen:
Sie sind hohe Tiere. Sprechen Sie nur in der Gewinnersprache mit Ihnen und vermeiden Sie das «Ja, aber».

Die Schüchternen:
Stellen Sie ihnen keine allzu schwierigen Fragen, nur so können Sie ihr Selbstbewusstsein stärken. Bestärken Sie sie ausserdem mit Lob.

Perspektivenwechsel

Der Perspektivenwechsel ist eine sehr dankbare Intervention. In diesem Buch ist er uns schon häufiger begegnet. Marktforschungsabteilungen von Unternehmen wenden diesen an, um zu erforschen, welche Sicht die Kunden, Entscheider, Beeinflusser, Lieferanten und Mitbewerber auf die Produkte, Dienstleistungen und die Firma haben.

Mit dem Konzept der Empathy Map, das von der Konzeptwerkstatt (www.konzeptwerkstatt.ch) entwickelt wurde, gelingt dieser Blickpunktwechsel sehr gut. Da eine Direktbefragung der entsprechenden Personen meist nicht möglich ist, soll versucht werden, sich in sie hineinzuversetzen und hineinzufühlen, um so einen Einblick in ihre Denk- und Handlungsmuster zu gewinnen, von denen sie beeinflusst sind, ohne sich selbst dessen wirklich bewusst zu sein. Fragen, die in diesem Zusammenhang also zu stellen wären, lauten etwa: Was hören sie, wenn sie draussen in der Welt etwas über unsere Firma und unsere Produkte oder Dienstleistungen hören? Was würden sie lieber nicht hören? Worüber würden sie sich freuen, wenn sie es hören würden? Was sehen sie, wenn sie das Unternehmen, seine Produkte und Dienstleistungen sehen? Was denken und fühlen sie, ohne es zu sagen? Und was sagen sie tatsächlich? Wer oder was beeinflusst sie dabei? Was bereitet ihnen Lust bzw. Frust, wenn sie an das Unternehmen und seine Produkte/Dienstleistungen denken? Welche anderen Emotionen schwingen dabei auch noch mit? Wie tangieren die Sicht und die Wahrnehmung von all dem ihr eigenes Wertesystem? Indem man sich diese und ähnliche Fragen stellt, versucht man also, sich in das Denken, Fühlen und Handeln der jeweiligen Akteure hineinzuversetzen, und hat dadurch auch die Möglichkeit, entsprechend zu agieren. Man zeigt Interesse und wird als empathisch wahrgenommen, was sich letztendlich positiv auf die Beziehung auswirkt. Dieses Konzept kommt aber nicht nur in der Marketing-Abteilung eines Unternehmens zum Einsatz, sondern gilt auch für den Führungsalltag insgesamt und kann darüber hinaus natürlich auch generell im ausserberuflichen Bereich nützlich sein.

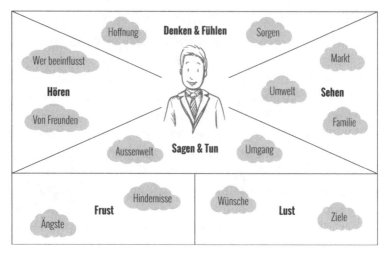

Abb. 11: Konzeptwerkstatt (www.konzeptwerkstatt.ch): Empathy Map

Fragen Sie sich also: Wo in Ihrem Leben kann dieser Perspektivenwechsel Sinn machen? Sie haben z. B. einen Entscheid zu treffen und sind hin- und hergerissen. Sie stecken in einer Krise oder es zeichnet sich eine ab. Ein neuer Blickwinkel und zusätzliche Sichtweisen können hier unterstützend und letztlich auch entlastend wirken, denn sie helfen dabei, die damit verbundenen Risiken, aber auch Chancen besser auszuloten.

Sechs Stühle (in Anlehnung an Edward de Bono)

Für diese Methode brauchen Sie nichts als sechs Stühle. Anwenden können Sie sie sowohl im Sitzungszimmer als auch zu Hause im Esszimmer. Jeder der Stühle steht stellvertretend für eine Sichtweise. Schreiben Sie jedem der sechs Stühle eine bestimmte Sichtweise und die mit ihr verbundenen Eigenschaften zu. Setzen Sie sich auf den Stuhl und nehmen Sie ganz bewusst die jeweils angegebene Sichtweise ein. Zeichnen Sie Ihre Gedanken zu der jeweiligen Position mit Ihrem Smartphone auf oder notieren Sie sie auf einem Notizblock. Gehen Sie so alle sechs Stühle reihum durch.

Die weisse Sichtweise
» Analytisches Denken
» Zahlen, Daten und Fakten
» Neutraler und objektiver Blick auf Sachverhalte

Die weisse Sichtweise steht für alle Daten, Zahlen und Fakten. Sie ist objektiv und steht nur für das Beobachtbare. Das heisst, eigene Interpretationen, Wertungen und Emotionen werden ausgeblendet. Beispiel: Heute ist der 4. Oktober 2017 – ein kalendarisches Faktum. Punkt. Rausgefiltert wird, was ich mit diesem heutigen Tag oder Datum in Verbindung bringe.

Die rote Sichtweise
» Emotionales Denken und Empfinden
» Konzentration auf die positiven und negativen Gefühle
» Subjektives Empfinden

Gehen Sie in sich. Welche Emotionen tauchen auf, wenn Sie an Ihren Entscheid oder an Ihre Situation denken? Was gibt Ihnen bei diesen Gedanken Energie, was raubt sie Ihnen? Was löst diese emotionale Sichtweise in Ihnen aus? Was machen die unterschiedlichen Meinungen mit Ihnen?

Die schwarze Sichtweise
» Kritisches Denken
» Objektive (!) negative Aspekte eines Themas: Bedenken, Zweifel, Risiken
» Worst-Case-Szenario

Bei der schwarzen Sichtweise werden die negativen Aspekte einer Frage-/Aufgabenstellung objektiv und sachlich in den Fokus genommen. Genannt werden also nur all die objektiv erkennbaren Punkte, die gegen eine Idee, einen Vorschlag, einen Entscheid oder ein Konzept sprechen. Die eigenen negativen Emotionen und Gedanken bleiben hier ausgeblendet.

Die gelbe Sichtweise
» Optimistisches Denken
» Best-Case-Szenario
» Spekulative Haltung

Die gelbe Sichtweise umfasst alle Chancen und Möglichkeiten, die sich realistischerweise aus einem Projekt, einer Entscheidung oder einer Idee ergeben. Wo kann etwas zusätzlich erschlossen werden? Was generiert einen Nutzen bzw. einen Mehrwert? Wichtig ist, dass auch hier die subjektive Wahrnehmung ausgeblendet wird.

Die grüne Sichtweise
» Kreatives, assoziatives Denken
» Neue Ideen, Kreativität
» Konstruktive Haltung

Die grüne Sichtweise erlaubt es, kreativ zu sein. Der Fantasie für neue oder weiterzuentwickelnde Ideen sind keine Grenzen gesetzt. Wie beim Brainstorming ist auch in dieser Phase keine Wertung bzw. Abwertung der Ideen erlaubt, und seien sie noch so verrückt und unrealistisch.

Die blaue Sichtweise
» Ordnendes, moderierendes Denken
» Überblick über die Prozesse
» Big-Picture-Haltung

Die blaue Sichtweise steht für Kontrolle und Struktur und für die Organisation des gesamten Denkprozesses. Hier wird die sogenannte Metaebene betreten und damit der Blick von einem übergeordneten Standpunkt auf den kompletten Prozess ermöglicht. Der blaue Stuhl sollte der letzte Stuhl sein, denn es ist seine Aufgabe, die Ergebnisse der übrigen Sichtweisen zusammenzufassen und Entscheidungen darüber zu treffen, wo möglicherweise noch nachjustiert werden muss.

Nachdem Sie diese unterschiedlichen Sichtweisen für sich selbst einmal eingeübt haben, trauen Sie es sich vielleicht sogar zu, einen Ihrer Mitarbeiter mit dieser Methode bei einer Entscheidungsfindung zu begleiten. Oder haben Sie bereits eine andere Idee, wobei Ihnen diese Methode hilfreich sein könnte?

Diesem Perspektivenwechsel sind nämlich kaum Grenzen gesetzt, etwa auch dann nicht, wenn Sie im Team einen Konflikt lösen möchten. Sie werden staunen, was sich daraus entwickeln kann, wenn Sie sich als «Mediator» in die Mitte eines Halbkreises setzen und die eine Konfliktpartei zu Ihrer Linken und die andere zu Ihrer Rechten haben. Fordern Sie die beiden Parteien auf, sich nun auf den Stuhl der Gegenseite zu setzen und die entsprechende Perspektive einzunehmen und die damit verbundenen Bedürfnisse und Erwartungen/Wünsche zu artikulieren. Wenn das beide Parteien gemacht haben, setzen sie sich wieder auf den ursprünglichen Stuhl zurück. Sie werden beide nun sicherlich ein Bewusstsein und vielleicht sogar Verständnis dafür entwickelt haben, wo genau auf der jeweils anderen Seite der Schuh drückt.

FÜR WELCHES THEMA IN IHREM **BERUFSLEBEN** LOHNT ES SICH, EINE ANDERE PERSPEKTIVE EINZUNEHMEN?

FÜR WELCHES THEMA IN IHREM PRIVATLEBEN LOHNT ES SICH, EINE ANDERE PERSPEKTIVE EINZUNEHMEN?

Umgang mit Konflikten

Der Verfasser des Vorwortes zu diesem Buch, der von mir hochgeschätzte Friedrich Glasl, hat ein Modell entwickelt, das die unterschiedlichen Eskalationsstufen eines Konflikts beschreibt. Es ist ein Modell, das ich immer wieder in Konfliktmoderationen nutze oder mit dem ich auch in Einzel- und Teamsettings arbeite. Ein Konflikt geht nämlich nicht gleich von null auf 100, sondern er eskaliert, wie Glasl deutlich machen kann, über mehrere Stufen.

1. Verhärtung

Auch wenn «Verhärtung» schon recht stark klingt, ist sie doch eigentlich erst der Anfang eines Konflikts. Diese Stufe beschreibt den Zustand, bei dem zwei Parteien unterschiedlicher Meinung bezüglich eines Sachverhalts sind. Allerdings bemühen sich die Parteien zu diesem Zeitpunkt noch, die Spannung nicht auszuweiten.

2. Debatte, Polemik

Aus der Haltung, die Spannung nicht weiter voranzutreiben, wird nun die Haltung, der Konfrontation (verbal) nicht länger aus dem Weg zu gehen. Ausserdem kommt es nun zu einem ständigen Wechsel zwischen Kooperation der Konfliktparteien und Konkurrenzhaltung. Die Standpunkte sind nun fest zementiert.

3. Taten statt Worte

Wurde dann lang genug und auf jede erdenkliche Art und Weise über ein Thema gestritten, geht jetzt der Glaube, das Ganze sei noch mit Worten zu lösen, verloren. Ab diesem Zeitpunkt macht jede der Parteien einfach das, wovon sie überzeugt ist.

4. Images und Koalitionen

Die Parteien fangen an, sich gegenseitig mit einer feindseligen Haltung zu begegnen. Sie unterliegen stereotypen Selbst- und Fremdbildern. Ausserdem werden auf einmal Unbeteiligte in den Konflikt miteinbezogen.

5. Gesichtsverlust

Jedes Mitgefühl ist an dieser Stelle verbraucht. Die Gegenseite wird öffentlich blossgestellt.

6. Drohstrategien
Wem der Kragen einmal geplatzt ist, für den gibt es irgendwann auch kein Zurück mehr – genau das beschreibt diese Stufe. Drohungen werden wahrgemacht und die Kontrolle geht vollends verloren.

7. Begrenzte Vernichtungsschläge
Es kommt zu härteren Mitteln, «gegnerische» Menschen und Sachmittel werden angegriffen und zerstört. Dass man dabei auch viel einstecken muss, ist fast irrelevant, Hauptsache, der Gegner wird heftiger getroffen als man selbst.

8. Zersplitterung
Der Gegner soll in dieser Phase nicht nur grösseren Schaden nehmen, er soll zugrunde gerichtet werden. Psychisch und physisch genauso wie wirtschaftlich.

9. Gemeinsam in den Abgrund
Selbst wenn einen die Mittel, die man zur Zerstörung des anderen anwendet, am Ende wieder selbst treffen, so werden sie dennoch eingesetzt, sodass man sich gegenseitig in den Abgrund reisst.

Immer wenn ich den Teilnehmenden meiner Seminare und Coachings dieses Modell vorstelle, löst dies Betroffenheit aus. Nach Glasl ist die Grenze, bis zu der man sich noch selbst helfen kann, mit der 4. Stufe erreicht, danach brauche es professionelle Hilfe (Coach, Supervisor, Mediator), um den Konflikt überhaupt noch lösen zu können.

Kennen Sie den Film «Rosenkrieg» von Danny DeVito? Dieser veranschaulicht die von Glasl formulierten Stufen aufs Beste. Alle neun Eskalationsstufen eines Konflikts lassen sich hier Schritt für Schritt nachvollziehen. Wer also diesen Film nicht kennt, dem empfehle ich ihn wärmstens.

Abb. 12: Die Eskalation und ihre Stufen. Eigene Darstellung nach Glasl: Selbsthilfe in Konflikten, S. 98 f.

Die Heldenreise (nach Eberhard Hauser)

Diese Methode ist der Erzählstrategie «Storytelling» nachempfunden. Das Storytelling läuft immer nach einem bestimmten Schema ab: Es gibt einen Helden, der ein Problem hat. Es gibt einen Gegner, der das Problem verschlimmert, worauf eine Krise folgt. Doch am Ende gibt es immer ein Happy End. Mit dieser Methode, die hier freilich stark vereinfacht dargestellt wurde, lässt sich in einer Coachingsitzung gut arbeiten. Der Klient kommt als Held seiner Story zu einem Coaching und hat ein Problem, manchmal ist das verschlimmernde Moment sogar schon eingetreten und der Held steckt bereits in seiner eigenen Krise. Während des Coachingprozesses lernt der Held, sich selbst zu helfen, und überwindet oder löst sein/e Problem/e.

Oft ist es aber tatsächlich so, und das habe ich in diesem Buch bereits angesprochen, dass uns gar nicht wirklich bewusst ist, was wir schon alles geschafft und hinter uns gebracht haben. Deshalb nutze ich diese Übung gerne auch, um den Klienten zu verdeutlichen, welche Schritte sie bis zu diesem Zeitpunkt erreicht haben.

Wenn Sie also gerade mitten in einer Krise stecken, nehmen Sie sich die Zeit und schreiben Sie Ihre eigene Heldenreise auf. Den groben Handlungsablauf, an dem Sie sich orientieren können, habe ich Ihnen bereits skizziert, und nun ist es nur noch an Ihnen, zu bestimmen, welchem der folgenden Genres Sie Ihre Heldengeschichte zuordnen möchten:

» Krimi
» Märchen
» Science-Fiction
» Western
» Drama
» Komödie
» Abenteuer
» usw.

Wo beginnt Ihre Geschichte? Was ist bis zum heutigen Tag alles passiert? Und wohin kann sich alles entwickeln? Was wäre ein gutes Ende? Was überzeugt Sie als Helden, was ist Ihre Mission? Beschreiben Sie auch, wie die Welt aussieht, in der Sie sich als Held Ihrer Story bewegen. Denken Sie ausserdem darüber nach, warum es überhaupt zur Krise gekommen ist und wie Sie sie bisher bewältigt haben. Überlegen Sie sich auch, wer eigentlich Ihre Gegner sind und wo Sie als Held den Kampf mit ihnen aufnehmen.

Die Heldenreise wird Ihnen zeigen, was alles an Positivem in der Zukunft auf Sie wartet, wenn Sie die Reise bis zum Ende gehen.

GROW-Modell (nach John Whitmore)

Das GROW-Modell ist für meine Arbeit von essenzieller Bedeutung und findet daher auch in fast jeder Coachingsitzung Anwendung. GROW ist für mich wie ein roter Faden, der sich durchs Coaching-Gespräch zieht und diesem eine Struktur verleiht. Ihnen, lieber Leser, soll das Modell als praxisnahe Anleitung sowohl fürs Selbstcoaching als auch fürs Mitarbeiter-Coaching dienen.

Goal
What do you want?

Reality
Current Situation

Options
What could you do?

Will
What will you do?

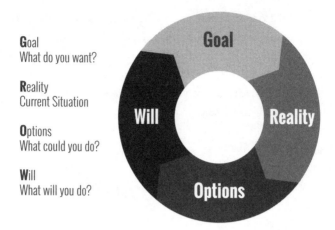

Abb. 13: GROW-Modell. Eigene Darstellung nach Whitmore: Coaching for Performance

Nutzen Sie dieses Modell, wenn Sie ein bestimmtes Thema auf dem Herzen haben, bei dem Sie gerne weiterkommen möchten, und merken, dass Sie ständig nur im Denken bleiben und nicht ins Tun kommen!

G – Goal (Ziel)
Problemverständnis
Ziele vereinbaren
Bedarf klären
Erwartungen abstimmen

Die erste Phase nennt sich Goal, also Ziel. Definieren Sie mit den genannten Fragen Ihr Coaching-Ziel, egal ob in einem Selbstcoaching oder in einem Coaching mit einem externen Coach. Wenn Sie in der Rolle als interner Coach Ihre Mitarbeiter coachen, lassen Sie diese ihr Coachingziel selber formulieren, und zwar so konkret wie möglich. Achten Sie dabei vor allem auch darauf, dass Sie im Selbstcoaching oder der von Ihnen gecoachte Mitarbeiter das Ziel selbst beeinflussen kann. Im Coaching oder der Supervision stelle ich meinen Klienten beispielsweise folgende Fragen:

- » An welchem Thema würden Sie gerne arbeiten?
- » Welches Ergebnis soll am Ende des Gespräches erreicht sein?
- » Wie weit und wie stark ins Detail möchten Sie jetzt gehen?
- » Wie viel wollen Sie in die Erreichung des Ziels investieren?
- » Was ist Ihr langfristiges Ziel bei diesem Thema?
- » Was ist das konkrete Anliegen, das Sie genauer anschauen möchten?
- » Können Sie Ihr Anliegen in einem Satz formulieren?
- » Welches Thema bringen Sie mit?
- » Was wollen Sie in dieser Sitzung erreichen?
- » Mit welchen Erkenntnissen würden Sie gerne aus der Sitzung wieder hinausgehen?
- » Ist das Ziel konkret, messbar, erreichbar, realistisch, zeitlich gegliedert und positiv?

R – Reality (Realität)
Ausgangslage klären
Umfeld und Einfluss identifizieren

Die zweite Phase heisst Reality. Nachdem das Ziel also festgelegt wurde, wird geschaut, wo ich als Coachee eigentlich gerade mit diesem Thema/dieser Fragestellung stehe. Es ist möglich, dass sich hier das Ziel auch nochmal verändert oder neu justiert werden muss. Denn manchmal ist es schwierig, in Worte zu fassen, worum es eigentlich geht. Diese Realitätsprüfung gibt Auskunft darüber, wo Sie gerade im Thema stehen. Folgende Fragen helfen, um diesen Schritt erfolgreich zu tun:

- » Wie würden Sie (die anderen) die Situation beschreiben?
- » Welche Bedenken haben Sie (die anderen) dabei und wie gross sind diese?
- » Wen betrifft das Thema ausser Ihnen?
- » Welche Schritte haben Sie bis jetzt unternommen?
- » Welche Hindernisse/Widerstände halten Sie vom Handeln ab?
- » Welche Ressourcen besitzen Sie bereits?
- » Welcher Gegenstand beschreibt Ihr Problem?
- » Welches Wetter beschreibt Ihr Anliegen am besten? Nebel, Regen, Hagel, Sonnenschein, Hitze usw.

- » Worauf sind Sie stolz?
- » Was ist Ihre Motivation?
- » Worum geht es konkret?
- » Wann tritt die Schwierigkeit auf?
- » Wer ist betroffen?
- » Wie lange besteht das Problem schon?
- » Was ist Ihr Anteil?
- » Wie leiden Sie darunter?
- » Welche Vorteile entstehen aus dieser Problematik?
- » Weshalb wollen Sie das Problem lösen?
- » Was hat es für Sie für einen Nutzen, dass Sie das Problem um jeden Preis behalten wollen?
- » Was haben Sie bereits unternommen und was erreicht?
- » Wie war es, als das Problem noch nicht bestand?
- » Welche Schlussfolgerungen ziehen Sie daraus?
- » Wie müssten gute Bedingungen für eine Lösung aussehen?
- » Auf einer Skala von 0 bis 10: Wo stehen Sie gerade jetzt? Was, denken Sie, sind die ausschlaggebenden Punkte, dass Sie da stehen?

O – Options (Möglichkeiten)
Kriterien für eine gute Lösung bzw. Lösungsvarianten prüfen
Chancen/Risiken abwägen

Welche Optionen gibt es, um zum Ziel zu gelangen? Um das herauszufinden, helfen folgende Fragen:

- » Auf welche Arten können Sie an das Thema herangehen? Erstellen Sie eine Liste mit grossen/kleinen, vollständigen und unvollständigen Lösungen.
- » Was würden Sie tun, wenn Sie mehr Zeit/Geld hätten?
- » Was würden Sie tun, wenn Sie mit einem neuen Team ganz von vorne anfangen könnten?
- » Welchen Tipp würde ich Ihnen geben?
- » Was sind die Vor- und Nachteile jeder Möglichkeit?
- » Welche Lösung gefällt oder erscheint Ihnen am besten?
- » Was wünschen Sie stattdessen?
- » Welche Lösungen gehen Ihnen durch den Kopf?

- » Was wäre ein gutes Ergebnis?
- » Was wäre ein schlechtes Ergebnis?
- » Was müssten Sie dafür aufgeben?
- » Wieso würde sich diese Lösung für Sie lohnen?
- » Was tun Sie auf der nächsthöheren Stufe (Stufe nennen) der Skala, was Sie auf der derzeitigen Stufe (Stufe nennen) nicht tun?
- » Was würde passieren, wenn Sie nichts täten?
- » Was müsste passieren, dass sich der Zustand verschlimmert?
- » Was wäre, wenn das Problem von heute auf morgen einfach verschwunden wäre?
- » Woran werden Sie merken, dass Ihr Problem nicht mehr vorhanden ist?
- » Was müsste noch alles kommen, damit Sie endlich ein Burn-out erleiden?
- » Was müsste geschehen, dass sich Ihre Frau von Ihnen trennt?

W – Will (Wille/Umsetzung)
Wer tut was und bis wann?
Wie erfolgt die Umsetzungskontrolle?
Organisatorische Fragen klären
Next Steps vereinbaren
Commitment abholen

In dieser Phase geht es um die konkrete Umsetzung dessen, was Sie sich vorgenommen haben. Welche Schritte werden konkret unternommen, um das Ziel zu erreichen? An dieser Stelle müssen Sie sich festlegen, was für Sie wirklich umsetzbar ist, aber auch, was die Zielerreichung nicht zur Qual werden, sondern noch lustvoll bleiben lässt. Dazu folgende Fragen:

- » Was ist ein konkreter nächster Schritt?
- » Wofür gehen Sie konkret in Verantwortung?
- » Was ist für Sie lustvoll umzusetzen?
- » Welche Option oder Optionen wählen Sie?
- » Welche Kriterien und Massstäbe setzen Sie für den Erfolg?
- » Was könnte Sie hindern, die Schritte zu unternehmen? Und welche Strategie wenden Sie dann an?

- » Wer muss Ihre Pläne kennen?
- » Welche Unterstützung brauchen Sie von wem?
- » Wie könnte ich Sie unterstützen?
- » Wie stark schätzen Sie Ihr Engagement auf einer Skala von 1 bis 10 ein, diesen Plan in die Tat umzusetzen? Was hindert Sie daran, die 10 in den Blick zu nehmen?
- » Wie hoch ist Ihre Motivation, die Lösung umzusetzen?
- » Nennen Sie zwei Situationen, in denen Sie es umsetzen werden.
- » Was werden Sie als Erstes tun?
- » Woran werden Sie (die anderen) den Erfolg bemerken können?
- » Über welchen Zeitraum wollen Sie das neue Verhalten ausprobieren?
- » Wollen Sie Ihre Fortschritte mit jemandem überprüfen? Wann? Mit wem? Wie oft?

Nun noch einige weitere Fragen, unterteilt nach Fragearten, die für Ihre Coachings wertvoll sein könnten:

Analysefragen

- » Was, denken Sie, ist der Grund für das Problem?
- » Was war für Sie der Auslöser?
- » Wie können Sie sich das erklären?
- » Gab es dafür bestimmte Situationen oder ein bestimmtes Verhalten Ihrerseits?

Hypothetische Fragen

- » Was wäre, wenn …? / Was würde passieren, wenn …?
- » Nehmen wir doch einfach einmal an …
- » Spielen wir die Situation doch einmal durch …

Ziel- und lösungsorientierte Fragen

- » Was ist Ihr Ziel, was möchten Sie erreichen?
- » In wessen Hand liegt die Zielerreichung?
- » Wie genau soll die Lösung aussehen?
- » Woran werden Sie erkennen, dass Sie dabei sind, Ihr Ziel zu erreichen?
- » Wer oder was kann Ihnen helfen, Ihr Ziel zu erreichen?
- » Wie kann ich Sie dabei unterstützen?

Fragen zum Verhalten
» Woran merken Sie, dass …?
» Wie und wann zeigt sich dieses Verhalten?
» Wie äussert sich das genau?
» Was machen Sie im Detail, wenn …?
» Wer spielt hier welche Rolle?

Fragen zu Differenzierungen
» Wer würde sich am meisten freuen, wenn …?
» Auf einer Skala von 1 bis 10: Wie stark ist Ihr Interesse, dass …?
» Was hat höchste Priorität?
» Wer oder was hat den grössten Einfluss?
» Was müssten Sie zuerst ändern?
» Worin unterscheidet sich die gewählte Vorgehensweise von anderen?

Zirkuläre Fragen
» Wie würde der Vorgesetzte reagieren, wenn …?
» Wie würden die Kollegen reagieren, wenn die Situation eintritt?

Skalierungsmethode (nach Yvonne Dolan und Steve de Shazer)

Auch diese Methode trägt dazu bei, Ziele zu erreichen. Entscheidend ist hierbei allerdings die Visualisierung, in der die Unterschiede wirklich auch deutlich sichtbar gemacht werden. Der Nutzen davon ist, dass sie dem Betreffenden zeigt, was er schon geleistet hat, und ihn folglich dazu motiviert, auch die restlichen Meter noch zu gehen. Es gibt zwei Möglichkeiten, diese Methode durchzuführen: entweder auf dem Papier oder ganz praktisch im Raum. Ich empfehle Letzteres, weil es einem unmittelbar vor Augen führt, wie nah man dem Ziel wirklich schon ist. Das schafft ein positives Selbstbewusstsein.

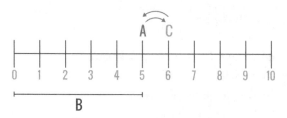

A) IST-Situation bestimmen
B) Bestärken von Erreichtem
C) Entwicklungsschritte ins Bewusstsein rufen

Abb. 14: Nutzen von Skalierungen. Eigene Darstellung nach Dolan & de Shazer: Mehr als ein Wunder

Stellen Sie mit einem Seil auf dem Boden die Skala 1 bis 10 dar. Ihr Mitarbeiter nennt die Zahl und bestimmt damit, wo er sich in seiner Wahrnehmung aktuell sieht.

A) IST-Situation bestimmen

«Wo stehen Sie aktuell jetzt auf einer Skala von 1 bis 10 bezüglich Ihres Projektes?» 10 bedeutet, Sie erreichen Ihre Projekt-Ziele oder übertreffen diese (Hochrechnung). 1 heisst, Sie stehen noch ganz am Anfang. Der Mitarbeiter sieht sich auf einer 5 und steht auf dieser.

B) Bestärken von Erreichtem

«Wenn Sie so dastehen auf einer 5 und zurückschauen auf die 1, was haben Sie dann schon alles erreicht? Wie haben Sie es geschafft zur 5 zu kommen, statt bei der 1 stehen zu bleiben?» Ressourcenorientierte Arbeit mit Skalen heisst, den Blick auf das zu lenken, was schon da ist, und die Aufmerksamkeit vorerst nicht auf das Defizit oder den «Gap» zwischen dem IST und dem SOLL zu lenken. Welche Ressourcen haben Sie dabei unterstützt?

C) Entwicklungsschritte ins Bewusstsein rufen

Hierbei gilt es, sich die nächsten Entwicklungsschritte mit Hilfe einer lösungsorientierten Intervention ins Bewusstsein zu rufen. «Stellen Sie sich vor, Sie machen einen weiteren Entwicklungsschritt und stehen dann auf der 6. Wenn Sie jetzt dort stehen und auf die 5 zurückblicken, was machen Sie hier mehr, weniger oder anders als auf der 5? Woran werden Sie feststellen, dass Sie auf einmal auf einer 6 sind und nicht mehr auf der 5 stehen? Woran werden es Ihre Teamkollegen erkennen und woran ich?»

Das Schnittmengen-Modell

Dieses Modell, das eine Abwandlung des Modells «PRO-aktive Rollenanalyse» von Wolfgang Filbert darstellt, soll Ihnen dabei helfen, sich die Austauschprozesse zwischen Ihrer Persönlichkeit und Ihrer Arbeit bewusst zu machen. Das Ziel dabei ist es, durch diese sichtbare Bewusstmachung zu erkennen, welche Möglichkeiten Sie haben, um Ihre Situation positiv zu verändern. Ausserdem erkennen Sie dadurch die Grenzen, die zwischen Ihren Charaktermerkmalen und Ihren Rollen bestehen.

Malen Sie zwei Kreise, die sich überschneiden. Der erste stellt Ihre eigene Person (P) dar, und in ihn tragen Sie alles ein, was Ihnen zu Ihrer Identität, Ihren Wünschen, Erwartungen und Zielen einfällt. Der zweite Kreis steht für die Organisation (O), für die Sie tätig sind: Schreiben Sie in den Kreis, welche Anforderungen und Ziele diese an Sie stellt. Die Schnittmenge sind Ihre verschiedenen Rollen: Tragen Sie ein, welche Aufgaben- und Beziehungsrollen (R) dies sind.

Gibt es für Sie da überhaupt Schnittmengen? Oder sind die Ziele in Ihrem Beruf weit von Ihren persönlichen Zielen entfernt? Und wie passt das alles mit Ihrem privaten Umfeld zusammen? Immer wieder erlebe ich in den Coachings, dass Manager eine Überidentifikation mit der Firma mitbringen, und in unserem Modell bedeutet dies dann, dass der Kreis der Organisation (O) fasst vollständig mit dem Kreis der Person (P) zur Deckung kommt. Was aber, glauben Sie, wird die Konsequenz daraus sein?

Wer sich also dieser Schnittmengen bewusst wird, läuft weniger Gefahr, faule Kompromisse einzugehen, denn er hat dadurch die

Möglichkeit, rechtzeitig die Weichen zu stellen, um selbstbestimmt denken, fühlen und handeln zu können. Und nur so wird er dann auch in der Lage sein, das Steuer auf seinem künftigen Lebensweg wieder selbst in die Hand zu nehmen.

PRO-aktive Rollenanalyse

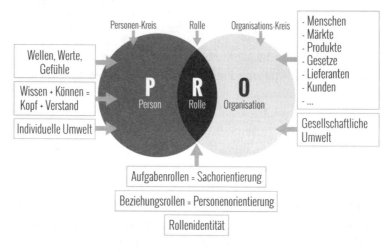

Abb. 15: Eigene Darstellung nach Filbert: Die PRO-aktive Rollenanalyse, S. 157

Check-up
Lieber Leser: In welchem Thema möchten Sie endlich ins Tun kommen? Wie werden Sie das anstellen?

KAPITEL 6
DER WEG VOM DENKEN INS TUN

Nachdem ich Ihnen nun ein breites Spektrum an Methoden vorgestellt habe, hoffe ich, dass Sie damit noch handlungsfähiger werden. Trauen Sie sich einfach nach und nach an die verschiedenen Methoden heran und Sie werden feststellen, dass Sie damit einen anderen Blick auf die beruflichen und privaten Herausforderungen Ihres Alltags gewinnen – ein neuer Blick, der Ihnen dann auch helfen wird, diese zu meistern.

Daher kann ich Ihnen auch nur empfehlen, sich immer wieder eine dieser Übungen vorzunehmen, damit diese zu einem ständigen Begleiter für Sie werden, um sich selbst zu reflektieren, sich zu motivieren und natürlich auch, um andere dazu einzuladen, dies ebenfalls zu tun. Hand in Hand mit diesen Methoden wird es Ihnen so gelingen, Ihren selbst gesteckten Zielen immer wieder ein Stück näher zu kommen, weil sie Sie dabei unterstützen werden, die notwendige Brücke vom blossen Denken und Reden ins konkrete Tun zu schlagen.

Denn eines sollten Sie nie vergessen: Es sind Sie selbst, der es in der Hand hat, die Dinge, die sich Ihnen in den Weg stellen, wieder in den Fluss zu bringen und sie somit auch in ihrem weiteren Verlauf zu beeinflussen.

Johann Heinrich Pestalozzi hat einmal gesagt: »Wenn der Mensch sich etwas vornimmt, so ist ihm mehr möglich, als er glaubt.« Eine Maxime, die Sie darin bestärken möge, auf das gesunde Urteilsvermögen Ihres Verstandes, die Stimme Ihres Herzens und die Geschicklichkeit Ihrer Hände zu vertrauen.

NACHWORT
VON DOMINIC ZUFFELLATO

Manager sind sportlich, dynamisch, agil, belastbar, entscheidungsfreudig, kontrolliert, kreativ, lieben Veränderung und sind natürlich immer erfolgreich – sie wissen alles, können alles und spielen Golf.
Natürlich ist es nicht so.
Aber wer bin ich?
Ich bin Vater, Ehemann, Sohn, Bruder, Freund, Manager, aber vor allem auch Mensch und folglich immer wieder mit neuen kleineren und grösseren Steinen auf meinem Weg beschäftigt. Ich führte mit Leidenschaft mittelgrosse Teams, doch egal, welches Projekt ich in meinem Leben anpacken durfte, nie interessierte mich die Karriere, sondern stets die Herausforderung. Egal, wie viele gute und scheinbar sinnvolle Lösungen ich erarbeitet und wie viele kreative Lösungsansätze ich designt habe, alles stand und fiel stets mit einem wesentlichen Faktor: Demut. Aber dazu später.

Ich reise in das Jahr 2011 zurück. Nach länger anhaltenden Schmerzen und zwei Arztterminen, die nicht geholfen hatten, schickte mich meine behandelnde Ärztin in die Notaufnahme in das Spital Baden. Der kalte Ultraschallkopf ruhte nur fünf Sekunden auf meiner Haut, als der behandelnde Arzt schon sagte: «Hmmm, alles klar, ich erkläre Ihnen jetzt, wie es weitergeht.» Diagnose Krebs. Meine ersten Gedanken waren: Das wird wieder gut, ich kriege das wieder hin. Der Befund war nicht der schlechteste und die Behandlungsmethoden schnell klar. Drei Zyklen Chemo-Therapie (dreimal drei Wochen) und zwei Operationen.

Was jedoch sehr einschneidend werden sollte, war, dass ich zum ersten Mal die Kontrolle vollständig abgeben musste. Denn ich verstand nichts von dieser Krankheit, konnte den Verlauf nicht beeinflussen und auch keine Entscheide treffen. Entscheide traf also ab sofort das Tumor-Board des Spitals Baden. Eine andere, an diesem Tag noch grössere Herausforderung war eine Reihe von Fragen: Wie erkläre ich das meiner Lebenspartnerin, meiner Mutter, meinen Schwestern, und wie reagiert mein Vorgesetzter im Geschäft, was ist mit den schon definierten Meetings, Projekten, Plänen? Was passiert in der Zeit meiner Abwesenheit, wer übernimmt meine Aufgaben, und werden sie auch mit den richtigen Resultaten umgesetzt? Wer kann mich schon ersetzen? Diese Fragen lasteten am schwersten auf meiner Brust. «Jetzt wieder lösungsorientiert denken», sagte ich zu mir selbst und schwächte die Diagnose dadurch ab, dass ich den Begriff «Tumor» verwendete. Na ja, es hört sich einfach besser an, als zu sagen: «Ich habe Krebs.» Bei Tumoren gibt es ja auch gutartige, und das allein schon lässt den Begriff etwas harmloser erscheinen. Du wirst plötzlich mit deiner Endlichkeit konfrontiert. Vorher war alles grenzenlos, jung, frei und unendlich.

Die Demut, dieser Begriff – oder was ich darunter verstehe – hat für mich ab 2011 eine neue Dimension und Bedeutung gewonnen. Demut bedeutet für mich zurückzuschauen. Mich zu besinnen. Wo und als was habe ich angefangen? Woher komme ich? Was hat mich zu dem gemacht, was ich heute bin, und wie konnte ich meinen Rucksack füllen? Es sind die Menschen, die Gespräche und, nein, nicht nur die angenehmen bei einem Glas Rotwein, sondern die ehrlichen und kritischen Feedbacks von Menschen, die mir Rückmeldungen geschenkt haben. In meiner persönlich gelebten Demut im Führungsalltag ist mir bewusst geworden, dass ich alleine nichts erreichen kann. Es ist immer DAS Team, welches das Grosse zusammenbringt und es erfolgreich macht. Mein Leitsatz lautet: «Die Qualität eines Teams zeigt sich in den Herausforderungen». Und damit meine ich: Habe ich die richtigen Talente im Team, um die anstehenden Herausforderungen zu bewältigen? Gehen wir gemeinsam und gestärkt aus der Herausforderung hervor? Wachsen wir daran? Dürfen wir scheitern, um zu lernen?

Du kannst die grossen Weisheiten der grössten Philosophen auswendig lernen und zitieren, das wahre Wissen erreichst du nur durchs Scheitern und Hinfallen. Hinfallen heisst, auf der Erde zu liegen, sinnbildlich geerdet zu sein, dies hat mich mein Krebs im Jahr 2011 gelehrt. Geerdet und demütig zu sein, bedeutet zu dienen. Ich stehe für die Firma ein, schenke meine Energie der Sache und nicht meiner Selbstverwirklichung, einem Titel, der tollen Visitenkarte oder gar dem Ziel, Vorgesetzten zu gefallen.

Demütig sein bedeutet auch, loszulassen, sich selber nicht so wichtig zu nehmen und z. B. engagierte, hingebungsvolle und professionelle Mitarbeitende gehen zu lassen, um ihre Leidenschaft zu leben, in meinem Fall die Autorin dieses Buches, Monika Meiler. Das Vakuum, das Moni hinterliess, war nicht bequem für mich, keine einfache Entscheidung. Ich wusste jedoch damals schon mit Sicherheit: Egal, welchen Projektauftrag ich in ihre Obhut gegeben hätte, es wäre keine wirkliche Herausforderung mehr für sie gewesen. Ich konnte ihr in diesem bestehenden Arbeitsumfeld nicht mehr gerecht werden.

Für mich bedeutet Demut im Führungsalltag, dass meine Idee nicht zwangsläufig auch die beste und erfolgversprechendste ist. Ich erinnere mich daran, wie es war, als ich noch auf der anderen Seite gestanden habe und selbst Mitarbeitender war. In diesem Zusammenhang möchte ich den Begriff Sinngebung ins Spiel bringen. Du verstehst die Ziele, die du deinen Mitarbeitenden am Anfang des Jahres vorgibst. Aber hast du es auch geschafft, die Sinngebung deinem Mitarbeitenden mit auf den Weg zu geben? Hast du alles unternommen, damit er verstehen darf, um was es der Firma geht und warum sein Beitrag so wichtig ist? Und ja, verstehst du den Sinn deines eigenen Tuns? Jeder Mensch gibt nur 100 %, wenn er dabei auch den Sinn oder seinen persönlichen Sinn sieht und die Arbeit oder das Projekt für ihn persönlich sinnvoll ist.

Demut verspürte ich auch beim Verfassen dieses Nachworts. Kann ich mit meinen Inhalten dem Inhalt des Buches gerecht werden? Wer interessiert sich für meine Geschichte oder Erkenntnisse?

Bin ich der Richtige für eine solch ehrenhafte Aufgabe? Es sind keine Zweifel, sondern ehrliche Fragen an mich selbst. Ich habe meinen Beitrag mehr als einmal korrigiert und viele Entwürfe wieder verworfen, denn auch in diesem Fall wollte ich dem Inhalt des Buches von Moni dienen – und las daher immer wieder demütig meine Zeilen.

Hand aufs Herz. Hätte ich meinen Text vor 2011 gelesen, wären mir die eigenen Schlussfolgerungen zu esoterisch und zu soft gewesen, denn, wie am Anfang schon erwähnt: Manager sind nun mal sportlich, dynamisch, agil, belastbar, entscheidungsfreudig, kontrolliert, kreativ, lieben Veränderung und sind natürlich immer erfolgreich, sie wissen alles, können alles und spielen Golf.

Dominic Zuffellato, Verkaufsleiter

DANKSAGUNG

Familie
Der Wert Familie hat bei mir über die Jahre an Tiefe gewonnen. Schon immer war er mir wichtig – der Wert Familie. Seitdem ich mich jedoch immer mehr mit meiner eigenen Identität auseinandersetzte und mir Fragen stellte, woher ich komme und wohin ich will, erlangte auch er eine neue Dimension. Auf einmal geht es auch um Spuren. Welche Spuren hat meine Familie auf meinem Weg hinterlassen? Und natürlich frage ich mich im Gegenzug auch, welche Spuren ich in meiner Familie hinterlasse.

Ich bin dankbar für jeden glückseligen Moment, den ich mit jedem von euch erleben durfte und darf. Diese Augenblicke erden mich, geben mir innere Ruhe und verströmen Zufriedenheit – alles sehr wertvolle Energiespender für mich, die mich für Krisenzeiten wappnen und mich motivieren, meinen Weg weiterzugehen.

Danke Mutschkali, von dir nehme ich deine Geduld mit, nicht nur wenn du geschneidert oder gestrickt hast, sondern auch bei all den Kindern, die du begleitet und im Glauben an sich gestärkt hast.

Von dir, Chuanito, nehme ich die Eigendisziplin mit. Du machst auch gerne Spaziergänge ganz alleine. Das finde ich toll. Genauso wie du den Umgang mit Veränderungen meisterst.

Brigitte, dir danke ich, dass ich deine Geschichte auch meinen Lesern zugänglich machen durfte und dass ich von dir lernen darf, Dinge anzunehmen und das Beste daraus zu machen. Die Art, wie du das Hier und Jetzt genießt, sei es mit einem spontanen Ausflug mutterseelenalleine oder mit deiner Wasserpfeife, finde ich ganz wunderbar.

Silvia, du sagst immer, dass du der Zwilling von mir bist, der einfach neun Jahre später geboren wurde. Jemand nannte uns

Sternenschwestern. In diesem Begriff steckt für mich die tiefe Verbundenheit, die ich zu dir empfinde. Ich danke dir dafür.

Neni, du bist der tollste Schwiegervater, den es gibt. Deine Bodenständigkeit gibt mir Halt. Danke!

Genuss

Ich danke dir, Nevin, mein Lieblingsneffe (habe ja auch nur dich), für unsere gemeinsame Chipsli-Time. Sie ist unsere heilige Zeit, in der wir gemeinsam übers Leben philosophieren, während wir einen Apero und eine Handvoll Chips geniessen. Schön, dass du mir zeigst, dass schon in jungen Jahren Rituale eine enorme Kraft haben. Mit Mami und Papi reflektierst du jeden Abend vor dem Zubettgehen darüber, was positiv und was weniger cool war. Inzwischen gibt es einige weitere Menschen, die das auch tun, um ihren Tag gut abzuschliessen. Dass ich ein Teil von deinem Leben bin, macht mich immer wieder demütig. Schön, dass es dich gibt.

Kooperation

Vielen Dank, Harri Morgenthaler, dass du mich vor Jahren in dein Netzwerk aufgenommen hast. Dank dir konnte ich schon viele spannende Aufträge im Bereich Coaching und Supervision sowie Seminare durchführen. Du bist eine Koryphäe auf deinem Gebiet und ich profitiere so sehr von deiner Art, komplexe Zusammenhänge zu reduzieren. Du faszinierst mich immer wieder aufs Neue damit, wie du Innovationen zum Fliegen bringst. Du bist ein wahrer Macher!

Challenging

Marco Fontanelli und Tobi Lehmann – mit euch Leadership-Programme durchzuführen, macht echt Spass. Es führen viele Wege zum Ziel, auch ohne Drehbuch. Mit euch unterwegs zu sein, heisst für mich definitiv, meine Komfortzone zu verlassen. Mich von euch challengen zu lassen, ist spannend, wirksam und nachhaltig. Danke für diese Chance.

Unabhängigkeit

Ich danke dir, Dominic Zuffellato. Du hast hervorgeholt, was lange in mir verborgen lag. Eine einzige Frage hat den Stein ins

Rollen gebracht. Danke, für dein Bestes zum Schluss – denn der Schluss ist immer wieder auch der Anfang.

Freundschaften

Ich danke meiner Würmligruppe (Lesezirkel) für die langjährige Freundschaft. Über die Jahre ist der «Literaturclub» zwar zu einem «Gourmetclub» mutiert, doch was unverändert geblieben ist, ist die tiefe Freundschaft zwischen uns. Maria, Sandra, Petra, das ist für mich unbezahlbar. Danke! Vielen Dank, liebe Maria, dass ich den Leser auch an deinem Beispiel teilhaben lassen durfte.

Helene, dir danke ich, dass du immer da bist, wenn ich dich brauche, und das über all die Jahre. Du sagst immer, dass du, wenn wir mal in einer Alters-WG sind, der Schaffer sein wirst und ich der Denker. Ja, du bist ein Schaffer, eine handorientierte Persönlichkeit mit Herz.

Marlies Pally, wie oft haben wir Fälle von wahnsinnig witziger Situationskomik erlebt und Tränen gelacht. Diese Erlebnisse nimmt uns niemand. Ich danke dir dafür. Auch wenn wir uns nicht oft sehen, du hast einen festen Platz in meinem Herzen.

Marlies Otte, deine Fröhlichkeit steckt an. Mich fasziniert, wie es dir gelingt, aus wenig viel zu machen. Deine Dekorationen fördern meinen Schreibfluss.

Daniela, Kurt und Lébi, ich danke euch für die guten Gespräche bei einem edlen Tröpfchen. Denn, wie sagen wir immer: «Das Leben ist zu kurz, um schlechten Wein zu trinken.»

Spontanität

Lieber Antonio – ich danke dir, du bringst mit deiner Spontanität und Unbekümmertheit immer Farbe in mein Leben, und es ist schön, dass es dich gibt. Vielen Dank, dass ich deine Geschichte verwenden durfte, um dem Leser zu zeigen, dass man nur mit dem Herzen gut sieht.

Unterstützung

André, dir danke ich für die Unterstützung jeglicher Art. Von dir habe ich gelernt, auch die Wirtschaftlichkeit bei allem, was man tut, im Auge zu behalten.

Rollenklarheit
Lieber Theaterverein Grüsch, danke, dass ich seit vielen Jahren ein Teil von euch sein darf! Unsere spielerische Art, mit Rollen zu experimentieren, inspiriert mich immer wieder aufs Neue. Viele der zugeteilten Rollen brachten mich an Grenzen, weil die Haltung mit der Mimik und Gestik nicht stimmig war. Ich habe so viel von euch gelernt, was ich in meiner Arbeit umsetzen kann! Danke!

Kreativität
Ich danke allen, die mich in der Zeit der Entstehung dieses Buches unterstützt haben. Ob es Kunden/Klienten waren, die mich beim Cover oder mit Beispielen unterstützten, ob es meine Nachbarn waren, die schon ein Buch bestellen wollten, als erst der Titel feststand, oder ob es die Bahnreisenden waren, denen ich gelauscht hatte und die mich inspiriert haben.

Ehrfurcht
Dem Malanser Erwin Gredig danke ich für die Geschichten, die er mir mit Leib und Seele erzählt hat. Er hat mir gezeigt, wie schön es ist, wenn Menschen sorgsam und ehrfürchtig mit diesen Geschichten umgehen, sodass sie nicht verlorengehen.

Ehre
Lieber Friedrich Glasl, Ihnen danke ich für die Ehre, die Sie mir erwiesen haben, indem Sie für mich und mein Buch das Vorwort geschrieben haben. Das bedeutet mir sehr viel.

Süffig
Dir, liebe Natalie Harapat, danke ich für jeden Aperol Spritz (wir wissen jetzt, wie der Aperol in Luzern, Lugano, Bad Nauheim, Stein am Rhein, Köln und Jenins schmeckt), den wir im Zuge der Entstehung dieses Buches getrunken haben. Zum Runterspülen, um Erfolge zu feiern, als Motivationsspritze, um die hitzigen Köpfe zu kühlen, dem Leben wieder Farbe zu geben, sich am Strohhalm festzuhalten oder einfach, um alles andere darin zu ertränken und doppelt zu sehen.

Herausforderung
Ben Schulz, ich danke dir für deine unternehmerische Sicht und deine Frage: «Was macht die Unternehmerin Moni?» Ebenfalls danke ich deinem Team von werdewelt für die tolle Unterstützung bei diesem Projekt.

Entdeckung
Ich danke dem Verlag Orell Füssli, dass er mich unter den Vielen entdeckt und mir diese positive, zuweilen aber auch krisenauslösende Chance, ein Buch zu schreiben, gegeben hat. Danke für das entgegengebrachte Vertrauen.

Qualität
Ich danke meinem Lektor Dr. Alwin Letzkus für die Überarbeitung meiner Texte.

Offenheit
Last but not least: Vielen Dank für eure Offenheit, liebe Klienten und Seminarteilnehmende, ohne euch wäre ich auf Seite 1 hängengeblieben.

LITERATURVERZEICHNIS

» Ahola, Tapani; Furman, Ben: Twin Star. Lösungen vom anderen Stern. Teamentwicklung für mehr Erfolg und Zufriedenheit am Arbeitsplatz. 4. Auflage. Heidelberg: Carl-Auer Verlag 2014.
» Argyris, Chris; Schön, Donald A.: Die lernende Organisation. 3. Auflage. Stuttgart: Schäffer-Poeschel 2008.
» Berne, Eric: Transaktionsanalyse der Intuition. Ein Beitrag zur Ich-Psychologie. Paderborn: Junfermannsche Verlagsbuchhandlung 1991.
» Covey, Stephen R. et al.: Der Weg zum Wesentlichen. Zeitmanagement der vierten Generation. Frankfurt/New York: Campus 2003.
» Dolan, Yvonne; de Shazer, Steve: Mehr als ein Wunder. Lösungsorientierte Kurzzeittherapie heute. Heidelberg: Carl-Auer Verlag 2008.
» Filbert, Wolfgang: Die PRO-aktive Rollenanalyse. In: Coaching-Tools. Erfolgreiche Coaches präsentieren 60 Interventionstechniken aus ihrer Coaching-Praxis. Hrsg. von Christopher Rauen. Bonn: managerSeminare 2004.
» Glasl, Friedrich: Selbsthilfe in Konflikten. Konzepte. Übungen. Praktische Methoden. 6. Auflage. Stuttgart: Freies Geistesleben / Bern: Haupt Verlag 2011.
» Goll, Helga; Sonneck, Gernot: Was sind psychosoziale Krisen? In: Sonneck, Gernot (Hrsg.): Krisenintervention und Suizidverhütung. Wien: Facultas Universitätsverlag 1995, S. 31–37.
» Hauser, Eberhard: Die Heldenreise. In: Coaching-Tools II. Hrsg. von Christopher Rauen. Bonn: managerSeminare 2007.
» Karpman, Stephen: Fairy tales and script drama analysis. In: Transactional Analysis Bulletin 7 (26) https://www.karpmandramatriangle.com/pdf/DramaTriangle.pdf

- » Kéré Wellensiek, Sylvia: Handbuch Resilienz-Training. Widerstandskraft und Flexibilität für Unternehmen und Mitarbeiter. Weinheim und Basel: Beltz Verlag 2012.
- » Kimsey-House, Henry; Kimsey-House, Karen; Sandahl, Phillip; Whitworth, Laura: Co-Active Coaching. Changing Business, Transforming Lives. Boston/London: Nicholas Brealey Publishing 2011.
- » Mehrabian, Albert: Silent Messages. Implicit Communication of Emotions and Attitudes. Kalifornien: Wadsworth Publishing Company 1972.
- » Michl, Werner: Lernzonenmodell. In: Ders.: Erlebnispädagogik. 3. Auflage. München: UTB 2015.
- » Mintzberg, Henry: Managen. Offenbach: Gabal 2011.
- » Saunders, Cicely: Sterben und Leben. Spiritualität in der Palliative Care. Zürich: Theologischer Verlag Zürich 2009.
- » Senninger, Tom: Abenteuer leiten, in Abenteuern lernen. Methodenset zur Planung und Leitung kooperativer Lerngemeinschaften für Training und Teamentwicklung in Schule, Jugendarbeit und Betrieb. 5. Auflage. Aachen: Ökotopia Verlag 2004.
- » Streich, Richard K.: Fit for Leadership. Führungserfolg durch Führungspersönlichkeit. 2. Auflage. Wiesbaden: Springer Gabler 2016.
- » Vitting, Katja: Wo, bitte, geht´s nach Norden? In: Change-Tools. Erfahrene Prozessberater präsentieren erfolgreiche Workshop-Interventionen. Hrsg. von Armin Rohm. Bonn: managerSeminare 2006, S. 15-20.
- » Ware, Bronnie: The Top Five Regrets of the Dying. A Life Transformed by the Dearly Departing. London: Hay House UK 2012.
- » Whitmore, John: Coaching for Performance. The Principles and Practices of Coaching and Leadership. People Skills for Professionals. 4. Auflage. Boston/London: Nicholas Brealey Publishing 2010. Dt.: Coaching für die Praxis. Staufen: allesimfluss-Verlage 2006.

METHODENVERZEICHNIS

«Blick zurück aus der Zukunft»	S. 62
Co-Active®-Coaching-Modell	S. 117
Drama-Dreieck	S. 122
Empathy Map	S. 129
Feedback geben	S. 120
Froschmetapher	S. 119
Füllen Sie Ihr Fass auf	S. 62
GROW-Modell (nach John Whitmore)	S. 139
Die Heldenreise (nach Eberhard Hauser)	S. 138
Holzfäller-Metapher	S. 64
Kraftfeldanalyse	S. 54
Lernzonenmodell (nach Tom Senninger)	S. 56
Meine wichtigsten Ziele/Wünsche	S. 32
Modell des organisationalen Lernens	S. 74
Perspektivenwechsel	S. 129
Das Schnittmengen-Modell	S. 147
Sechs Stühle (in Anlehnung an Edward de Bono)	S. 130
7-Phasen-Modell	S. 25
Skalierungsmethode (nach Yvonne Dolan und Steve de Shazer)	S. 145
Transaktionsanalyse (TA)	S. 124
Twin Star	S. 95
Umgang mit Konflikten	S. 136
Ziele visualisieren und verankern	S. 60

DIE AUTORIN

Monika Meiler arbeitet als selbstständige Coach/Supervisorin und Betriebsausbilderin und steht in dieser Rolle Profit- wie auch Non-Profit-Organisationen, Führungskräften und ihren Mitarbeitern begleitend zur Seite. Wer seine Ziele aus den Augen verloren hat und sich beruflich nicht mehr wohlfühlt, ist bei ihr genauso richtig wie Menschen, die im (Berufs-)Leben weiterkommen wollen. Sie unterstützt deshalb Einzelpersonen, Gruppen und Teams in Form von Coachings, Supervisionen und Seminaren. Dabei erfüllt es sie in ihrer Arbeit vor allem, wenn schlummernde Ressourcen ihrer Klienten reaktiviert werden und für diese der Weg zum Ziel erkennbar wird, raus aus der gedanklichen Einbahnstrasse.

Sie ist Sparringspartnerin, Initiatorin und Coach in der Schweiz, Österreich und in Deutschland. Dabei greift sie auf ihre langjährige Erfahrung, ihre prozessorientierte Ausbildung und auf ihre Intuition zurück.

Ihr ganzheitlicher Ansatz unterstützt den Prozess, indem sowohl Körper, Verstand, Gefühle und Seele betrachtet werden.

Um kreative Lösungen zu entwickeln, bedient sie sich szenischer Elemente aus der Theaterarbeit. Um out of the box zu denken, sucht sie auch mal mit ihren Klienten in der Natur nach neuen Aussichten. Aber niemals ohne Humor, denn nur der schafft in ihren Augen eine vertrauensvolle Atmosphäre und bringt Leichtigkeit – auch in schwierige Themen.

Brigitte Boothe; Eckhard Frick

Spiritual Care

Sterbezeit, Seelenzeit

Warum muss ich leiden?
Was geschieht nach dem Tod?
Habe ich eine Seele?
Was ist mit Gott?
Wieso passiert gerade mir das alles?
Gehört der Tod zum Leben?

Wer leidet, wer stirbt, sucht seelischen Beistand und Trost. Wer erzählen kann, was ihn in der Seele bewegt, dem geht es körperlich besser. »Spiritual Care« heißt: Helfen, Grenzen anzuerkennen und in Grenzsituationen zu begleiten, Suche nach echtem Trost und Sinn. »Spiritual Care« eröffnet spirituelle Kraftquellen und zeigt Wege aus der Angst. Dies ist das erste populäre Buch zum Thema »Spiritual Care«.

192 Seiten, gebunden mit Schutzumschlag, 2017,
ISBN 978-3-280-05623-3

Jakob Weiss

Die Schweizer Landwirtschaft stirbt leise

Der stille Suizid der Landwirtschaft

Der heutige Bauer nennt sich nicht mehr Landwirt, sondern Produzent, betreibt auf seinem Bauernhof automatische Melksysteme und strebt eine maximale Milchleistung an. Wo führt dieses Wirtschaftswachstum hin und wo bleibt der Konsument.

Jakob Weiss betrachtet erstmals die Agrardiskurse in der Schweiz. Seine Analyse zeigt, wie dominant in unserem Sprechen über Landwirtschaft die ökonomischen und technischen Begriffe geworden sind und wie stark diese Begriffe unsere Wahrnehmung prägen und unsere Handlungsweisen lenken.

Ein Plädoyer für eine landwirtschaftliche Zukunft, in der Nachhaltigkeit wichtiger ist als der Profit.

214 Seiten, gebunden mit Schutzumschlag, 2017,
ISBN 978-3-280-05651-6

Sachbuch